作 者
劉宜慶

絕代風流

——西南聯大生活實錄

上　聯大學生宿舍

下　西南聯合大學早期圖書館和教學樓

右　西南聯大校訓：剛毅堅卓。

左上　清華西南聯大領導人，從左至右：施嘉煬、潘光旦、陳岱孫、梅貽琦、吳有訓、馮友蘭、葉企孫。

左下　1946年5月3日，西南聯大結束時與中文系全體師生合影於教室前。二排坐者左起：浦江清、朱自清、馮友蘭、聞一多、唐蘭、游國恩、羅庸、許維遹、余冠英、王力、沈從文。

前言

聯大風流何處尋？

70年前，昆明，國立長沙臨時大學更名為國立西南聯合大學。1938年6月8日，國立西南聯合大學關防（銅質）到校，7月1日正式啟用。這所由北京大學、清華大學、南開大學組成的大學，浴戰火而生，儘管日寇的飛機屢次轟炸，它巍然屹立，在昆明一住就是8年。

西南聯大雖然消逝了，但創造的輝煌，銘刻在歷史的紀念碑上。拍攝《西南聯大啟示錄》的張曼菱說，在物質形態上聯大正在消逝，但是聯大體現的中國大學精神，不會因為物質的損毀而消逝，將時刻昭示世人。

經濟學泰斗、曾在西南聯合大學任經濟系教授和系主任的陳岱孫先生在《國立西南聯合大學校史》的前言中這樣寫道：「西南聯大在其存在的九年中，不只是在形式上弦歌不輟，而且是在極端艱苦條件下，為國家培養出一代國內外知名學者和眾多建國需要的優秀人才。西南聯大，這所其實體雖然今日已不復存在的大學，其名字所以能載入史冊，其事蹟所以值得人們紀念者，實緣於此。」

西南聯大的學術水平是世界一流的，這裏大師雲集，擁有多位「學術第一人」——

陳寅恪，中國懂得世界文字最多的人；吳澤霖，上世紀40年代提出「中國人口已經相對過剩」的第一人；金岳霖，把「形式邏輯」引進中國的第一人；吳宓，中國開創比較文學的第一人；錢端升，中國政治學的奠基人；葉篤，中國氣象學、大氣科學的奠基人；馮景蘭，中國礦床學的奠基人；華羅庚，美國科學院120年來的第一位中國籍院士；楊石先，中國研製農藥的第一人；湯用彤，世界上能開三大哲學傳統（中、印、歐）課程的第一人。

「聯大的屋頂是矮的。」從茅舍裏走出的2522位聯大畢業生，都是國家的棟樑。他們當中包括：諾貝爾物理學獎獲得者楊振寧、李政道；獲得國家最高科學技術獎的黃昆、劉東生、葉篤正；為國家做出傑出貢獻的「兩彈一星功勳獎章」獲得者郭永懷、陳芳允、屠守鍔、王希季、鄧稼先、朱光亞等；新中國成立後聯大學生中評為兩院院士的共86人。聯大8年先後有1129名學生參加抗戰，為國效力。

這正如西南聯大外語系1942級的杜運燮（九葉派詩人之一）寫的一首詩〈西南聯大贊〉：

敵人只能霸佔紅樓，作行刑室，
可無法阻止在大觀樓旁培養
埋葬軍國主義的鬥士和建國棟樑。

校園邊的成排由加利樹，善於薰陶，
用挺直向上的脊樑為師生們鼓勁。
缺乏必要書籍，講課，憑記憶默寫詩文，
總不忘吃的是草，擠出高營養的牛奶。

著名學者，培養出更著名的學者，

著名作家，培養出多風格的作家。

只有九年存在，育才率卻世所罕有。

抗戰大後方的昆明，生活十分艱難。生活在「飯甑凝塵腹半虛」，「既典征裘又典書」困境中的教師，仍然守護中國大學的尊嚴，一身正氣，為人師表，自敬其業，誨人不倦，當年聯大外文系教授馮至先生指出西南聯大，「絕大多數教職員都是安貧守賤，辛辛苦苦地從事本位工作」。安貧守賤，再加上樂道——這個「道」就是思想自由，學術自由，勇於探索，敢於批判，「違千夫之諾諾，作一士之諤諤」；既有中華情結，又抱世界胸懷，或者正如吳宓先生所一再強調的「Plain living and high thinking」（生活樸素，思想高超。原句是英國浪漫主義大詩人華茲華斯的名言），這也都是西南聯大的精神。

西南聯大的成功，一方面是共赴國難、同仇敵愾激發出的凝聚力和愛國主義精神，另一方面融合了三校的特色。北京大學「思想自由，相容並包」的辦學方針，清華大學「通才教育」、「教授治校」的治學理念，南開大學把解決中國現實問題、研究社會實際作為教育的目標。「同無妨異，異不害同，五色交輝，相得益彰」。組成西南聯大的北大、清華、南開三校，特點不同，共有的是良好的傳統，這就是陳寅恪所說的「自由之精神」和「獨立之思想」。而聯大留下思想和精神資源，是一筆寶貴的遺產，需要後人挖掘。

聯大風流何處尋？緬懷已成絕響的聯大風流和風骨，銘記聯大創造的奇蹟和輝煌，自不待言。但僅有這些是不夠的。西南聯合大學的大學自治、教授治校、學術自由、思想獨立，這些寶貴的精神資源為何失傳？是在怎樣的歷史境遇下如廣陵散般人終曲散？西南聯合大學的教授和學子，在那樣艱難的條件下，是一種什麼樣

的精神力量支撐？在歷史的動盪中，他們遭遇了什麼樣的詭異命運？在時代分岔的道路上，他們如何選擇？他們的命運和歸宿是怎樣的結局？是歷史的必然還是歷史的誤會？顯然，這一系列問題，不只是停留在西南聯大時期，糾結在歷史與現實之間，這些事關當下的拷問，我無法給出全部答案。我所做的，只是滲透自己的思考和省察。這本書試圖打開通向西南聯大的一條隱秘的通道，從他們的生活細節來觀察他們的精神境界和內心世界。我選擇的少數聯大教授，已經被遺忘在歷史的角落，書寫即拯救，鉤沉湮滅的歷史碎片，進入今人的視野，對抗社會集體失憶。

聯大師生的風流，就像魏晉風度一樣，令後人景仰。這風流在我看來，包含了不黨不官、人格獨立、敢於批判的錚錚風骨；弦歌不絕、為人師表、一身正氣的泱泱風範；沉潛專注、甘於奉獻、光風霽月的謙謙風度。西南聯大是一個群星閃耀的時代，那些特立獨行、放浪形骸、個性卓異之士，才華與激情四射，譜寫了一個不老的傳奇。

先來看風骨。知識份子如何保持獨立？金岳霖28歲的時候說過的一段話，「與其做官，不如開剃頭店，與其在部裏拍馬，不如在水果攤子上唱歌。」金岳霖先生認為知識份子能成為「獨立進款」的人，所謂「獨立進款」，簡單說就是要靠自己的本事吃飯。不依附於任何黨派，才能真正做到學術自由。不做政府的官員，才能做公共知識份子，承擔起批判的責任。聯大教授群體，多是自由主義知識份子，他們愛惜自己的羽毛，一生堅持不黨不官。

聯大歷史系教授吳晗寫了一本關於朱元璋的書：《由僧缽到皇權》。因為當時朱元璋起義時軍隊紮了紅頭巾，所以就叫紅巾軍，簡稱紅軍。國民黨審查的時候說書寫的很好，可以出版，但是要改一個字，不要叫紅軍，叫農民軍。吳晗家貧，妻子又害肺病，吃飯

只能買農民晚上賣剩的菜。而這本書只要能出版，吳晗就可以拿很高的稿費，但是吳晗表示：寧可不出，他也不改。

聯大航空系主任莊前鼎（後任航空工程研究所所長）從未動搖堅持在科教戰線上，爭取抗戰勝利的決心，儘管重慶國民政府曾再三商量調聘，甚至以「委座促駕」來電催請，他以「敬謝不敏」覆電堅辭。他常說：「我這輩子不做官，也不善於做官，我要以畢生精力踏踏實實地做些有益於國家、造福於人民的實際工作。

1947年，曾在聯大機械系任教的劉仙洲教授訪美回國路過南京時，國民政府教育部長朱家驊擬設宴邀請，請他再次出任北洋大學校長。他拒不赴宴，連夜離開南京，北上北平，於清華大學任教。後來，教育部雖公開宣佈這一任命，並一再致電敦促劉仙洲赴任，但他都置之不理。

再來看風範。聯大有一條不成文的規定，凡最基礎的課程（包括專業課程的緒論），都須由最有名望的教授執教。因為這些課程由名教授深入淺出地講授，能把學生帶入廣闊的天地中。於是，李繼侗教「普通植物學」，吳有訓教「普通物理學」，王力主講「語言學概論」，袁復禮講「普通地質學」。也許正是這樣的遠見卓識，聯大名師出高徒，西南聯大誕生了許多著名的師生，比如吳大猷與楊振寧、葉企孫與李政道、金岳霖與王浩、楊振聲與吳宏聰、聞一多與季鎮淮、朱自清與王瑤、沈從文與汪曾祺等。

聯大教授並不因為和學生接下深厚的友情，而放鬆對他們的要求，好多教授以嚴厲而著稱。有志研究電機工程的學生大一微積分和大一物理的成績至少要達到70分。大二時，周日早上的小測考查學生課堂知識以外的能力，看他們是否能夠靈活運用基本概念。實驗課的研究計畫得預先準備，實驗報告交遲了則不計分數。1941年進入聯大希望成為電機工程師的七八十名大一學生，到1945年只有十七人拿到畢業證書。

有一段逸聞是關於機械工程系孟廣喆教授的。孟廣喆教授他講課生動活潑，能利用口才使學生的思維跟著他轉。但他評分極其苛嚴，為此弄得很不受學生歡迎，連助教白家祉都求他寬容一些。一天，白對一幅題為「我若為王（If I were king）」的壁報漫畫感到很憤怒——「我若為王」是當時在昆明放映的一部很受歡迎的電影——漫畫的說明文字是：「If I were king，I would kill Meng！」白把這個消息告訴孟，孟佯裝大笑，但評分原則並未因此動搖。

　　聯大教授的風度最令人心折低迴。像黃鈺生、李繼侗等教授在聯大先後擔任過十幾種職務，為學校服務，擔任的職務沒有任何報酬和津貼，但他們樂於奉獻。文法學院從蒙自回到昆明，教學秩序正常後，鄭天挺就向蔣夢麟校長提出辭去行政職務，專攻學問，蔣表示諒解。當時，鄭天挺曾請魏建功代刻杖銘二根，其一曰「指揮若定」，另一曰「用之則行，捨則藏」。羅常培見後，以「危而不持，顛而不扶」相譏，暗指鄭堅辭不任行政事務。於是，鄭天挺出任聯大總務長。

　　我們還可以從聯大教授的服飾來感受他們的風度。梅貽琦跑警報，置個人安危而不顧，不失儀容，安步當車慢慢地走，同時疏導學生。吳宓持手杖，著長衫，和錢鍾書一起，沿著翠湖邊的小路邊走邊談，隔著70年來的歷史煙雲，向我們走來。身材高大的金岳霖經常穿著一件煙草黃色的麂皮夾克，常年戴著一頂呢帽，總是微仰著腦袋，走路深一腳，淺一腳的。因他的眼睛不好，有一段時間戴眼罩。聞一多在南嶽時，開哲學系教授的玩笑，作了一首打油詩，故有「金公眼罩鄭公杯」之句。儒雅的朱自清身穿馬幫的氈斗篷，走在昆明的街頭，他的氈斗篷裏是洗刷得幾乎失色的西裝，戴著眼鏡，不倫不類，成為聯大另類的風景。朱自清的氈斗篷，同潘光旦的鹿皮背心，馮友蘭用來包書和講義的八卦圖案的黃包袱，被稱為

「聯大三絕」。是真名士自風流,我們説魏晉名士雅人深致,完全適用聯大教授。

聯大的學子善於自嘲,身上的服裝美其名曰「本色不保」衣、「空前絕後」襪、「腳踏實地」鞋。要是用打工所得在地攤上買一條美軍卡其布褲,一件夾克衫或一雙大頭靴,那就是最出色的衣著了。

聯大的學子吃的是難以下嚥的「八寶飯」,他們每天孜孜不倦地做學問,真是簞食瓢飲,窮且益堅,不墜青雲之志,這種精神,人天可感。

這本書和諸多已經出版的關於西南聯大的專著不同之處在於:從大處著眼,小處入手,集中呈現這樣的生活細節,關注聯大師生的日常教學和吃穿住行,折射出那個時代的幽微精神。他們住的環境是如何惡劣?他們如何請客吃飯?在空襲頻繁的年代,他們如何娛樂?在物質極其貧乏的情況下,他們過著怎樣的文化生活?他們的一飲一啄,他們的一言一行,無關歷史的宏旨,可是若沒有這些瑣碎而生動的細節,我們無法深入他們的內心。在某種程度上,生活史亦是心靈史。

70年滄桑巨變,聯大的教授絕大多數已經走進歷史,較晚入聯大求學的學子也在望九之年。作為後人,我們遙望那段烽火連天的歲月,撫今追昔,所感受的不僅是激情,更是深深的沉思。一本打開的書,在您的面前,西南聯大最寶貴的精神是什麼?讀過之後,您自然會有答案。

目次

遙遙長路到聯合大學

湘黔滇旅行團

　　萬里長征，辭卻了五朝宮闕，暫駐足衡山湘水，又成離別。

　　1937年11月11日，上海淪陷。12月13日，南京淪陷，武漢震動，長沙成為後防重鎮，小東門車站被炸，學校不能安穩上課，長沙臨時大學被迫再度遷徙。1938年2月在各地成立招待處。廣州招待處由鄭華熾負責、香港招待處由葉公超、陳福田負責，海防辦事處負責人是徐錫良，河口辦事處負責人為雷樹滋。

1938年2月14日成立湘黔滇旅行團委員會，圖為指導委員會委員。

長沙臨時大學西遷時，女生以及體檢不合格者、不願步行者，由長沙經粵漢線南下至廣州、轉香港、海防，通過滇越鐵路來到昆明。赴滇女生由樊際昌、梅美德、鍾書箴率領，三人並負責護送教職員眷屬。另有馮友蘭、陳岱孫、朱自清、錢穆、鄭昕等教師10人，經桂林、柳州、南寧，過鎮南關（今友誼關）進入越南，到河內轉乘滇越鐵路赴昆明。其餘師生組織成湘黔滇旅行團，徒步去昆明。

旅行團1938年2月20日出發，4月28日到達昆明，歷時68天。湘黔滇旅行團師生步行抵達昆，陸路全程1600餘公里，200多師生步行約1300公里，成為西南聯大的一大壯舉，也是師生共同創造的中國教育史奇蹟。

旅行團採取軍事管理，湖南省主席張治中特派黃師岳中將擔任團長，指揮一切。同行教師有聞一多、許駿齋、李嘉言、李繼侗、袁復禮、王鍾山、曾昭掄、毛應斗、郭海峰、黃鈺生、吳徵鎰共11人，組成輔導團。黃鈺生、李繼侗、曾昭掄、袁復禮組成湘黔滇旅行團指導委員會，由黃鈺生任主席，負責日常具體的領導工作。

圖左：湘黔滇旅行團從長沙出發前。
圖右：西南聯大校領導與湘黔滇旅行團教師在昆明合影，二排右三為聞一。前排右起為：潘光旦、楊振聲、梅貽琦、黃師岳、蔣夢麟、李繼侗、黃鈺生。

　　當時還有想參加湘黔滇旅行團的教師，比如孟昭英，因有其他任務，無緣旅行團。孟昭英獲美國加州理工學院博士，1936年曾製造世界上最小真空管。應顧毓琇的邀請，執教清華。孟昭英本欲徒步隨行，但學校託付他到香港為清華的無線電研究所購買器材。他接受此項任務，在香港採購了器材和元件，這對後來在昆明開展科學研究工作起到重要作用。1939年下半年西南聯大41級物理班有一門無線電課程，無線電部分由任之恭教授講授，電子管部分由孟昭英教授講授。

　　湘黔滇旅行團除團本部外，學生組成兩個大隊，三個中隊，每中隊又分若干小隊（相當於班）。軍訓教官毛鴻少將擔任參謀長，另兩位教官鄒鎮華、卓超分任大隊長，中隊長和小隊長則有學生擔任。每一大隊有一伙食班，由學生五六人組成，學校陪伴炊事員一人。醫官徐行敏等三人與教師均屬團本部。另有兩輛卡車運送行李，學生除帶被褥以及換洗衣服外，多餘物品均於出發前交學校代運，抵昆後再領回。旅行團學生一律穿土黃色軍服，裹綁腿，背乾糧袋、水壺、黑棉大衣，還有一把雨傘。這些行軍裝備都是湖南省政府贈送的。

　　對於此次行程，當時參加步行團的聯大學生向長清回憶說：「行軍的開始，的確我們都曾感到旅行的困難。腿的酸痛，腳板上磨起的一個個水泡，諸如此類，實在令人有『遠莫致之』的感覺。」由於步行團沒有帳篷，更沒有住旅館的預算開支，所以每天必須找村鎮宿營。在長達兩個多月的時間裏，步行團住過各種地方，學校教室、馬店、客棧、柴木棚、榨油房、倉庫、茶館、禮堂、戲園子……。向長清回憶說：「三千多里的行程中，我們的宿營地只是學校、客棧，以及破舊的古廟，在這裏是不能講究許多了。有時候你的床位邊也許會陳列有一口褐色的棺材；有時候也許有豬陪著你睡，發出一陣陣難聞的腥臭氣；然而過慣了，卻也就都

並不在乎。不論白天怎樣感覺到那地方的骯髒，一到晚上稻草鋪平之後，你就會覺得這是天堂，放倒頭去做你那甜蜜的幻夢。」

1938年4月28日，在昆明東郊賢園進行簡單休整，湘黔滇旅行團團員從東門進城，經近日樓，抵達翠湖東岸的圓通寺。這是唐代南詔時期建立的寺院。在寺內，黃師岳團長點名完畢，將名冊交給梅貽琦先生。長達68天，3500里左右的「長征」至此結束。

為迎接旅行團師生，趙元任的夫人楊步偉、蔣夢麟的夫人陶曾谷、黃鈺生的夫人梅美德等編了花籃，包了粽子去迎接他們。趙元任根據英國名歌〈It's a long way to Tipperary〉改了歌詞，叫〈遙遙長路到聯合大學〉，由趙元任的女兒演唱：

> 遙遙長路，到聯合大學，
> 遙遙長路，徒步。
> 遙遙長路，到聯合大學，
> 不怕危險和辛苦。
> 再見，岳麓山巔，
> 再會，貴陽城，
> 遙遙長路去罷三千餘里，
> 今天到了昆明。

「讀萬卷書，行萬里路」是中國文人所信奉的古訓，但是這一次浸染了悲壯色彩的文人長征，在中國歷史上恐怕是絕無僅有的。胡適說：「臨大決遷昆明，當時是最悲壯的一件事，引得我很感動和注意：師生徒步，歷六十八天之久，經整整三千餘里之旅程。後來我把這些照片放大，散佈全美。這段光榮的歷史，不但聯大值得紀念，在世界教育史上也值得紀念。」

1938年8月，朱自清在蒙自為清華第十級畢業生題詞中說：
「……諸君又走了這麼多的路，更多的認識了我們的內地，我們的
農村，我們的國家。諸君一定會不負所學，各盡所能，來報效我們
的民族，以完成抗戰建國的大業的。」馮友蘭先生的題詞中也說：
「第十級諸同學由北平而長沙衡山，由長沙衡山而昆明蒙自，屢經
艱苦，其所不能，增益蓋已多矣。」

聞一多參加步行團

對於聞一多參加步行團，當時臨大的學生也十分疑惑，曾有
學生就此問聞一多：「聞先生，你大可照學校的規定坐車、乘船經
廣州、香港、越南，舒舒服服到昆明，何必受這個罪呢？再者，
你這大年紀，吃得消嗎？」聞一多面孔很清瘦，額上又刻著幾條深
長的皺紋，再配上亂蓬蓬的頭髮，顯得很蒼老。學生們都以為他是
五十歲以上的老年人，其實當時的聞一多才剛滿四十歲。對學生們

旅行團途中休息，坐者為聞一
多，右一為李繼侗。

的這一問題，聞一多淡然回答：「國難期間，走幾千里路算不了受罪。」由此看來，共赴國難是聞一多參加步行團的一個重要原因，這一點當為實情，也符合他的情感邏輯。

聞一多先生在一封給他父母親的信中說：

> ……第五日行六十里，第六日行二十餘里，第四日最疲乏，路途亦最遠，故頗感辛苦。……如此繼續步行，六天之經驗，以男等體力，在平時實不堪想像，然而終能完成，今而後乃知「事非經過不知易」矣。至途中飲食起居，尤多此生未嘗過之滋味。每日六時起床（實無床可起），時天未甚亮，草草盥漱，即進早餐，在不能下嚥之狀況下，必須吞乾飯兩碗，因在晚七時晚餐時間前終日無飯吃。……前五日皆在農舍地上鋪稻草過宿，往往與雞鴨犬豕同堂而臥。

1938年3月7日，旅行團受阻於沅陵。當時，北平藝專已經遷到沅陵對岸的老鴉溪，聞一多渡江訪藝專校長趙太侔。沈從文此時住在沅陵，特地設宴為聞一多洗塵，並安排住在其兄剛蓋起來的瓦房裏。沈從文回憶：「一多和旅行團到沅陵，天下起大雪，無法行進。我那時正在家，就設宴招待他們，老友相會在窮鄉僻壤，自有一番熱鬧。我請一多吃狗肉，他高興的不得了，直呼『好吃！好吃！』一條破毯子圍住雙腿，大家以酒暖身。我哥哥剛剛起了新房，還沒油漆，當地人叫它『芸廬』，我安排一多他們在芸廬住了五天。」

旅行團到盤江縣城時，鋪蓋和炊具滯留在盤江對岸。旅行團成員又饑又餓，疲憊不堪。而縣長只請旅行團中的教師和帶隊軍官吃飯，學生中意見很大。聞一多見此，主動到學生中間坐著，不去吃飯。半夜，學生中發生爭吵。聞一多聽見後，慢慢站起來，高聲說：「我今年四十歲了，我也和你們一樣在這裏。今天這個樣子，

誰要是有意弄的，誰就不該活！」他的話使學生們逐漸平靜下來，有的學生呲呲嘴說：「到底是學文學的。」這一夜，聞一多不吃不睡，一直陪學生坐到天亮。

儘管旅程非常艱苦，但聞一多的情緒並不低落，相反，非常樂觀和昂揚。他在給妻子的信中說：「現在我可以很高興地告訴你，我的身體實在不壞，經過了這次鍛鍊以後，自然是更好了。現在是滿面紅光，能吃能睡，走起路來，舉步如飛，更不必說了。途中苦雖苦，但並不像當初所想像的那樣苦。第一沿途東西便宜，每人每天四毛錢的伙食，能吃得很好。打地鋪睡覺，走累了以後也一樣睡著，臭蟲、跳蚤、蝨子實在不少，但我不很怕。一天走六十里路不算麼事，若過了六十里，有時八九十里，有時甚至多到一百里，那就不免叫苦了，但是也居然走到了。」在信中，聞一多甚至還感歎沿途風景之美和風俗之奇，「至於沿途所看到的風景之美麗奇險，各種的花木鳥獸，各種樣式的房屋器具和各種裝束的人，真是叫我從何說起」！在旅行途中，聞一多畫了多幅速寫，記錄西南風情。

在鎮寧，有一群人參觀了火牛洞，回來後異常興奮地談論溶洞景觀，以至於包括廚師在內的所有人都去觀看了。參觀過程中，從洞裏傳來美國風行一時的「胡安妮塔」（Juantia）和人們始終喜愛的「桑塔露西亞」（Santa Lucia）的回音，兩首歌都是用英語唱的。唱歌的是聞一多，他用歌聲讚美大自然的奇觀。他大聲說，「到了鎮寧縣，不去火牛洞，無異於背叛。」

旅行團的行程是艱難的，但也有這樣輕鬆愉悅的時刻。對聞一多而言，旅途見聞也是對他心理上的一個巨大衝擊。聞一多看到沾益破牆上歌頌紅軍的歌謠：「田裏大麥青又青，莊主提槍敲窮人；莊主仰仗蔣司令，窮人只盼老紅軍。」認為這是人民的心聲。1940年，聞一多在給學生趙儷生的信中情不自禁地說：「十餘年來專攻考據，於故紙堆中生活，自料性靈已瀕枯絕矣。抗戰後，尤其在步

行途中二月，日夕與同學少年相處，遂致童心復萌……不知者以為與曩日之教書匠判若兩人，實則恢復故我耳。」

由於旅途生活簡陋，聞一多開始蓄起了鬍鬚，而且對自己的鬍鬚洋洋得意，在給妻子的信中他提及此事：「妳將來不要笑，因為我已經長了一副極漂亮的鬍鬚。這次臨大到昆明，搬出好幾個鬍子，但大家都説只我與馮芝生的最美。」因為聞一多的鬍鬚，還成就了一段文壇佳話。到達昆明後，聞一多和友人李繼侗曾合影留念，聞一多發誓説：「這一大把鬍子，是因抗戰失利，向後方撤退蓄起來的，一定要等抗戰勝利才把它剃掉！」後來聞一多果真一直到抗戰勝利之日才剃掉自己的滿面鬍鬚。當然，這都是後話。

旅行團在長沙出發時，聞一多好友楊振聲曾對人開玩笑説：「一多加入步行團，應該帶一具棺材走。」當兩人再次在昆明相逢時，聞一多笑著對好友説：「假使這次我真帶了棺材，現在就可以送給你了。」

曾昭掄不繞小道

旅行團的成員大都是身著短裝，為的是旅行方便。特別是生物學家李繼侗與地質學家袁復禮兩位先生更是神氣，他們身著皮夾克，腳上是綁腿麻鞋，手上不離拐杖，儼然兩位精神抖擻的科學旅行家。而旅行團並非都那麼劃一整齊，幾位頗有個性的先生構成了幾道別致的風景線。

剛逾不惑之年的聞一多先生，為明志而蓄起了長鬚，聲稱抗戰不勝利決不刮掉，一路給旅行團師生留下的印象最深。他身著長褂袍，手持一根竹竿，有三尺長，行路時充作拐杖用，休息時便作為旱煙筒，吞雲吐霧，解困驅乏，可謂物盡其用，別有一番趣味。

路上人看見聞一多先生，便稱呼他「大鬍子」，聞一多總是頷首微笑，頻頻致意。

湘西是土匪出沒之地，團長黃師岳為此著實焦慮過一陣。黃團長帶隊一個勁兒往前衝，然而學生究竟和當兵的不同，怎麼也跟不上；跟在後頭的那些教授們，則照樣有人在踱方步，他們根本沒把土匪當回事。由於旅行團都是統一的軍裝，有時，不知情形的居民把他們看作流寇或土匪。當旅行團進入文昌坪鎮時，主要街道都是空空蕩蕩的，家家戶戶大門緊閉，旅行團的成員也滿腦子都是土匪。有一次，有人發出警告說，前面有一個「看起來很古怪的土匪」。大家小心走近，才發現這個「古怪」的「土匪」竟然是化學家曾昭掄。原來，因為曾教授的長衫「破綻百出」，衣襟前長後短，鞋、襪也破得難以蔽足，難怪要被驚恐的人錯認為「土匪」。

旅行團有一次真的碰到土匪，有驚無險。沈從文按張治中的佈置，事先已經和湘西的各方勢力打過招呼。土匪們聽說是從敵後逃難來的窮學生，才沒有為難他們。沈從文一直把隊伍送到湘黔交界的晃縣，這才回沅陵去了。

過了湘西，隊伍開始稀拉下來，首尾相距竟有十多公里。為了照顧那些掉了隊的人，一般每天下午五點以後，他們就開始找地方宿營，飯做好後，把所有的碗集中起來，以每人盛一碗為限，先到者先吃。晚上九點以後，各隊隊長清點飯碗，只要碗都空了，就說明人員全部齊了。而每天最後一個到的總是曾昭掄教授。

曾先生是清代曾國藩之後，深得家族循規蹈矩、從不取巧的務實遺風。他與中文系的夫子們一樣，同屬「長衫黨」，但身著的一件灰色長衫，後下襟總是有厚厚的泥漿。在路上行走，他完全沿公路大道，從不往近路小道上插。過黔西「二十四盤」山路時，所有人均走小路，由上而下，瞬息便呼啦一下直衝下山。而曾先生卻不

為心動，仍沿著公路，不偏不離地踽踽獨行，比別人下山多花了十幾倍的時間。

幾乎每個人都堅持寫日記。其中最有條理的是曾昭掄，每天步行結束後，無論走得多遠多累，他都會在燭光下記日記。唯一能與他的毅力相媲美的是清華大三學生查良錚，他在行程開始帶了一本小型的英漢詞典，一旦記住了這頁的內容就把它撕下來。到達昆明時，詞典已經沒有了，而他記住了大量辭彙，贏得同伴的欽佩。

李繼侗聯歡會上跳舞助興

湘黔滇旅行團1938年2月20日出發。黃鈺生、李繼侗、曾昭掄、袁復禮組成湘黔滇旅行團指導委員會，由黃鈺生任務主席，負責日常具體的領導工作。臨行前，李繼侗致信家人說：「抗戰連連失利，國家存亡未卜，倘若國破，則以身殉。」李先生當時愛國心之強烈，民族情感之深厚，對日寇之仇恨，令人敬仰。

圖左：曾昭掄教授旅行中有寫日記的習慣。湘黔滇旅行團學生錢能欣到昆明後出版著作《西南三千五百里》。
圖右：在山野休息的西南聯大湘黔滇旅行團步行成員。

　　師生上路時，李繼侗和聞一多相約留起鬍鬚，以志紀念。筆者看到的一張照片，拍攝於旅行團的行旅之中，兩位教授的鬍鬚濃密，露出樂觀、自信的微笑。李繼侗參加旅行團大概可以借此機會考察湘黔滇植被和生物狀況，沿途所見是研究生態的好機會，指導學生採集植物標本，旅行還承擔著田野考察的科研任務。

　　旅行團在湘西遭遇幾次土匪，所幸土匪們也還尊師重道，紛紛拱手讓路。1938年3月25日，旅行團到達貴州爐山（今凱里縣），訪問苗族居住的山寨，26日舉行漢苗聯合歡會。苗胞跳起民族舞蹈歡迎旅行團，受到熱烈歡慶氣氛的影響，李繼侗教授為了助興，臨時拉出旅行團的醫官徐行敏表演交誼舞。頭戴禮帽、腳穿馬靴的李繼侗，以優美的舞姿贏得陣陣掌聲。

　　長沙臨時大學時期生物系的課程在韭菜園聖經學校上課。生物學系教授會主席由李繼侗擔任。1939年6月開始，教授會主席改稱系主任，仍然由李繼侗擔任。在西南聯合大學，李繼侗講授普通植物學、植物生態學，時常帶領學生到昆明西山考察植物，把課堂安排在大自然。

圖上：旅行團李繼侗教授在苗族舉辦的歡迎會上跳舞。
圖下：李繼侗（右）和聞一多途中小憩。

在教學中，李繼侗對學生要求極嚴格，學生的實驗報告一定要字跡工整，否則就得重寫。考試成績及格與否，從不遷就，無論學生怎樣求情，不及格者仍給予不及格，即使是59.5分也不輕易給予及格。在敘永分校主持先修班期間，對學生更是一絲不苟，不徇私情，他兒子先後讀了三屆先修班，直到學習成績達到要求才准許升入大學。

李繼侗住在昆明北門街71號「唐家花園」。「唐家花園」是雲南軍閥唐繼堯為慶祝自己生日修建的戲樓，樓上樓下有20個包廂。成為聯大單身教授的宿舍。這裏還住著未帶家眷的朱自清、陳福田、沈同以及終生未娶的陳岱孫和金岳霖。他們組織了一個膳團，請了一對四川籍的夫婦做飯，大家推舉李繼侗擔任膳團的總幹事。據陳岱孫的回憶：「我們的工資除了勉強付飯費之外，更無甚餘錢。每個月初，領導薪水的當日，我們把幾乎每個人的全部的月薪交給了這位總幹事，他也就立即同廚師一起上街把本月的柴米油鹽和其他廚房用品購買齊全，還得餘下一部分錢為每日買葷素菜肴之用。」由於物價上漲，買菜的錢也不夠了。於是，他們在唐家花園廢棄的苗圃開闢菜園子。陳福田寫信給檀香山的美國親屬，從美國郵寄來菜籽。大家推舉李繼侗作為負責人和指導，種菜自給。

在這樣困難的生活環境下，李繼侗總是盡其所能幫助學生。當曹宗巽和敵佔區的家斷絕了聯繫，失去經濟來源時，李繼侗默默為他提供了一個機會——批改普通植物學實驗報告的，使他每月得到20元的報酬，從而完成學業。事後，曹宗巽才知道是李繼侗教授暗中幫助，但李先生從未對他說起過。

由於生活艱辛，營養不良，聯大的教授健康受影響。1941年夏，李繼侗的生物系同事吳韞珍教授胃病爆發，住雲南大學醫院開刀治療。李繼侗十分關心，跑前跑後，送湯送藥，還派自己的兒子

和吳韞珍的弟子吳徵鎰輪流守護。雖然經過救治，然而，醫術沒有回天之力，吳韞珍病逝雲大醫院。李繼侗親自料理吳韞珍後事，在蓋棺前撫屍痛哭，凡在場的人無不為之動容。（楊立德〈第一位獲森林學博士學位的人——西南聯大生物系主任李繼侗〉）

馮友蘭意外出事故

1938年早春，馮友蘭同朱自清、陳岱孫、湯用彤等一起乘車離開長沙，前往昆明。不料，車到離鎮南關不遠的憑祥縣城，穿過城門的時候，他的左臂碰在了城牆上，上臂骨折。

馮友蘭回憶這一段「事故」時，這樣寫道：「一天晚上，到了南寧，說是離中國邊境鎮南關只有幾十里了，明天一早就可以到鎮南關。第二天早晨，已經快到鎮南關了，經過一個縣城叫憑祥縣，當汽車穿過城門的時候，我的左臂碰到城牆上，受傷了。幸而出了鎮南關走了不多遠，就到了越南的境內，那裏有火車通到河內，晚上就到了河內。」

到河內一家法國醫院檢查的結果是左上臂骨折，這樣只得住院治療，於是，馮友蘭在河內住了一個月的院。

關於馮友蘭意外出「事故」的經過，在哲學家金岳霖看來，另有一番見解，按照他的説法「事故」就變成「故事」了。金岳霖對馮友蘭的小女兒宗璞説：

> 當時司機通知大家，不要把手放在窗外，要過城門了。別人很快照辦，只有你父親聽了這話，便考慮為什麼不能放在窗外，放在窗外和不放在窗外的區別是什麼，其普遍意義和特殊意義是什麼，還沒有考慮完，已經骨折了。

當然，這是哲學家之間的玩笑，真正瞭解馮友蘭的人才會有的幽默。所謂哲學家，我思故我在，大概無時無刻不在思索之中，如馮友蘭。而哲學家的思維也是異於常人，看到普通事情的獨特之處，如金岳霖。

在河內住了一個月的院，馮友蘭的鬍子就長長了。從此，馮友蘭就成了一個美髯翁。

從此，幾十年間，馮友蘭都留著長長鬍鬚，飄然若仙，又加上處子般的容顏，溫柔敦厚的性格，所以有人說，他不是「儒」，而是「道」，其境界說與其說是儒家思想，不如說是道家精神。

20世紀50年代初，以研究佛學著稱的湯用彤任北大副校長，而曾任清華校務委員會主席的馮友蘭卻是北大的一名無任何職務的教授。哲學系的同仁戲稱道：「看來道家終究不如佛家呀。」由此看來，人們喜歡將馮友蘭作為道家而津津樂道由來已久。

南下的旅行途中，不僅有「事故」，也有「爭吵」。比如周培源和夫人王蒂澂。周培源攜家眷，走南線而行。國事蜩螗，人世亂離，周培源憂憤之心如湯似沸，心緒不免煩亂，原有的好脾氣，也變得煩躁起來。他們山一程、水一程，一路走走停停，停停走走，生活無序，飯食無著。王蒂澂看著饑餓不堪哇哇直哭的兩個小女兒，便不顧衛生與否，向鐵道邊挑擔的小販買了兩碗現煮的米線。周培源看見後，一股無名火陡然升起，勃然大怒，隨手把米線丟到車窗外，大叫：「怎麼能亂買東西吃，那麼不乾淨，生病了我們一點辦法也沒有！」王蒂澂也不示弱，把他買來的甘蔗也丟出窗外。這是周培源夫婦數十年中罕見的一次「戰爭」。

聯大師生跑警報

何為「跑警報」

　　昆明的天空，不僅有美麗的雲朵，還有罪惡的炸彈，打亂了聯大人平靜的生活。和許多後方城市一樣，春城的上空也不寧靜。

　　據趙瑞蕻回憶，1938年秋天，當大家稍稍安定下來的時候，日本鬼子的飛機開始襲擊昆明了。1938年9月13日，我們初次聽到了空襲警報的淒厲聲；9月20日（應是9月28日），敵機九架對準美麗的春城瘋狂地投下了炸彈，學校租來作為教職員和學生宿舍的昆華師範學校挨炸了。昆師後院邊上有個破落的佛殿勝因寺，被炸了一半；平日中晚兩頓飯我們就在寺裏圍著一張破桌站著吃的。

　　汪曾祺在〈跑警報〉一文中介紹，「警報」有三種形式。預行警報，五華

趙瑞蕻。

山掛三個紅球。五華山是昆明的制高點，紅球掛出，全市皆見；空襲警報，汽笛聲一短一長，大概是表示日本飛機進入雲南省境了，但是進雲南省不一定到昆明來；緊急警報，汽笛連續短音，肯定是朝昆明來的。

聯大的學生見到預行警報，一般是不跑的，都要等聽到空襲警報：汽笛聲一短一長，才動身。新校舍北邊圍牆上有一個後門，出了門，過鐵道，就是山野了。

趙瑞蕻說，「跑警報」成了聯大學生生活中一個組成部分。漢語中第一次出現了「跑警報」這個新名詞了。汪曾祺說，也有叫「逃警報」或「躲警報」的，都不如「跑警報」準確。「躲」，太消極；「逃」又太狼狽。唯有這個「跑」字於緊張中透出從容，最有風度，也最能表達豐富生動的內容。

生與死對於書齋中的聯大人來說，僅在咫尺之間。一天，日本飛機扔下的炸彈將梅貽琦校長的辦公室連同旁邊的一幢宿舍都震塌了。炸彈也將華羅庚的家炸毀了，幸好華羅庚當時在防空洞不在家裏。但是防空洞也被震塌了，把華羅庚埋了大半截。「投彈百餘枚，霧煙大起，火光迸鑠，響震山谷，較上兩次慘重多多」，吳宓教授將這天的慘狀寫在了日記裏。炸彈炸過的土由於空氣的壓縮，特別緊，一時不好刨，也不能用工具，最後大家硬是用手摳，把華羅庚救出來了。

1939年9月30日，緊急警報，馮至記下這次跑警報的經過：「那時我住在東城節孝巷內怡園巷，巷口對面是聞一多、聞家駟的寓所，寓所後五華山坡下挖有一座防空洞。我們便跑到聞家，與聞氏兄弟一家躲入防空洞。我和聞家駟因為同在外文系，早已熟識，聞一多，我還是初次見面。大人和小孩屏息無聲，只聽著飛機的聲音在上邊盤旋，最後拋下幾枚炸彈，都好像落在防空洞附近。飛機的聲音去遠了，又經過較長時間，才解除警報。大家走出洞口，

只見一顆炸彈正落在洞門前，沒有爆炸。我們回到怡園巷家裏，則是一片慌亂，我住房的後院炸出一個深坑，走進屋裏，窗上的玻璃破碎，到處都是灰塵，屋裏不知從什麼地方飛來一塊又長又扁的石頭。」如果洞口的炸彈爆炸，如果他們不躲進防空洞，後果都不堪設想。

淒厲的空襲警報響起的時候，我們看一看聯大的師生如何跑警報。

金岳霖跑警報

1938年8月，西南聯大文、法兩學院在蒙自上完第一學期課後，奉命搬回昆明。當時昆明多數本土的專科學校，因避免空襲干擾，於是年春間陸續疏散下鄉開學。於是西南聯大得以借賃這些學校的校舍做教室和宿舍，並以之暫供安頓從蒙自搬來的師生。金岳霖被安頓在昆明城西北城廂區的昆華師範學校。陳岱孫則被安頓在昆華師範學校北面城外二三百米處的昆華農業學校。聯大在昆師借賃的宿舍樓有三棟。南北二樓為學生宿舍，二樓中間的中樓住了部分的聯大教職員。

1938年9月28日，昆明受到敵人飛機在雲南的第一次空襲。空襲警報發出後，師生都按學校前此已做出的規定，四處疏散。金先生住在中樓，沒有意識到危險，當時還正在進行他的例行工作，沒理會這警報。中樓沒中彈，但前後兩樓被炸的聲浪把他從思考中炸醒；出樓門才見到周圍被轟炸的慘景。後來，他告訴陳岱孫等人，當時，他愣了，木然不知所措。

空襲時，陳岱孫躲避在農校旁邊的山坡上，看到了這次空襲的全過程。注意到昆師中彈起火。敵機一離開頂空，陳岱孫和李繼侗、陳福田兩位教授急忙奔赴昆師，看到遍地炸痕，見到金岳霖和

另兩位沒跑警報的聯大同事，才將懸著的一顆心放下。金岳霖還站在鐘樓的門口，手上還拿著他一直沒放下的筆。

後來，金岳霖跟隨陳岱孫、李繼侗等人一起跑警報。沒有警報的日子，他又恢復了舊習慣，除上課外，每日上午仍然是他的雷打不動的研讀和寫作時間——但他答應遇有空襲警報，他一定和同事一起「跑警報」。在陳岱孫的記憶中，金岳霖的力作《論道》一書就是在這環境下寫出來的。

一有空襲警報大家都紛紛拿著貴重的東西躲防空洞：做衣服的師傅扛著縫紉機跑，老闆帶著帳本跑，教授們帶著書稿跑。金岳霖抗戰時寫完了一生的代表作《知識論》一書，有一次空襲警報時，他把書稿包好，跑到昆明北邊的蛇山，自己就坐在稿子上，警報解除後，他站起來回去，把書稿忘在那裏，等到記起來時再回去找，已經找不到了。後來，他只好把幾十萬字的書又重寫了一遍。

林徽因在致費慰梅的信中說：「日本鬼子的轟炸或是殲擊機的掃射像是一陣暴雨。你只能咬緊牙關挺過去。……可憐的老金，每天早晨在城中有課，常常要在早上五點半就從這個村子（龍頭村）出發，而還沒來得及上課空襲就開始了，然後，就得跟著一群人奔向另一個方向的一座城門、另一座小山，直到下午五點半，再繞許多路走回這個村子，一天沒吃、沒喝、沒工作、沒休息，什麼都沒有！這就是生活！」

這樣的生活，也不是沒有一點樂趣。汪曾祺寫的〈跑警報〉一文中，有一段和金岳霖有關，讀後令人莞爾一笑：

> 跑警報，大都要把一點值錢的東西帶在身邊。最方便的是金子，金戒指。有一位哲學系的研究生曾經作了這樣的邏輯推理：有人帶金子，必有人會掉金子，有人丟金子，就會有人撿到金子，我是人，故我可以撿到金子。

因此，跑警報時，特別是解除警報以後，他每次都很留心地巡視路面。他當真兩次撿到過金戒指！邏輯推理有此妙用，大概是教邏輯學的金岳霖先生所未料到的。

梅貽琦一家在昆明。

梅貽琦跑警報

1941年5月，梅貽琦去重慶教育部跑聯大的教育經費，在日記中記錄了敵機轟炸重慶的情形。重慶的警報和昆明的警報略有不同。5月20日，梅貽琦記錄下重慶的空襲警報標誌。

> 早八點至八弟家時，聞已有△掛出，蓋表示有敵偵察機來，是較昆明又多一預報之預報矣。以後之經過則如下：
>
> 9:30，掛一氣球，醫院中及市民開始移動。
>
> 10:30，兩氣球，放警報，人民走向防空洞，醫院中人移物入洞，洞即院後，故尚忙，洞頗大且堅，故尤不現恐慌。
>
> 12:10，緊急警報，雙球降下，大家入洞，洞頗大，人不多，八弟等且備有藤椅，尤覺舒適矣。
>
> 2:05，雙球升起，出洞稍息，至後山上看紫霞元君廟。
>
> 2:35，雙球又降下，大家再入洞。
>
> 2:45，長響解除。

6月2日，梅貽琦在重慶經歷了一次敵機轟炸，詳細地記錄了轟炸後的場景，令人觸目驚心。是日早晨七點多，又掛氣球矣。梅貽琦的弟弟梅貽寶匆匆離去。恰好，和梅貽琦同來重慶出差的聯大教授鄭天挺、羅常培，還有張充和，來到梅貽琦處。九點半發警報，十點緊急，十點十五分聽到轟炸聲，由遠而近，六七聲後有大聲四五下，緊接至頭上最後一下，空氣似由頂上打下，感覺頗奇怪，洞內油燈皆為震滅，婦孺有驚叫聲，張充和坐在梅貽琦旁邊，亦吃驚不小。鄭天挺、羅常培教授抖了抖身上的灰塵，互道「躬逢其盛」。十一點二十分警報解除，眾人走出防空洞，則見醫院大樓正中被炸彈擊中，樓梯處以及左邊一部分被炸毀，樓後的小房燒完。大門前，山洞上方都有敵機投擲的炸彈爆炸的痕跡。梅貽琦淡淡地寫道：「無怪乎洞中空氣震動如此之烈矣」。

1941年暑假。日軍瘋狂轟炸昆明和西南聯大，8月14日聯大遭到轟炸，《吳宓日記》中寫道：「見女舍東鄰崔書琴等寓樓全毀，成一大彈坑。西倉坡梅校長宅亦同。翠湖北路亦中數彈。」聯大校舍損毀甚巨，學生都以為不能如期開學。梅貽琦「親自提著汽油燈，日夜趕修，卒能如期開課，可證明他們辦學的精神了」。經校方人員的多方努力，僅僅一個月多一點時間，劫後創傷已全部修理完竣，屋宇煥然一新，而學校當局原定的開學日期，得以如期舉行。

何兆武先生回憶，梅貽琦拿一把張伯倫式的彎把雨傘，走起路來非常穩重，跑警報時，他不是跟著人們擁擠在一起跑，而是疏導人群，很有紳士風度，穿戴整齊，不失儀容。梅貽琦臨危不驚、鎮定自若的風度，在他的日記中也可見一斑，1941年1月29日，敵機轟炸西倉坡一帶，「寓中門窗及室中零物又有損毀，但不如上次之甚。幸已於前日移住鄉間，否則雖自己無所畏懼，將使照看之人勉強留守，而又遭此一番震動，太覺抱歉矣」。

　　當然，並不是每一個人都能像梅貽琦先生這樣有風度。也有「逃警報」的例子。據呂文浩採訪何兆武先生，聯大歷史系一位政治上很激進的教授跑起警報來十分倉皇，十分狼狽，在小山坡上連滾帶爬的。這一幕給何兆武留下深刻的印象，使他認識到，面臨生命遭受危險時能否從容應對，與這個人的政治覺悟沒有關係。也許與人的本能有關。何兆武還記得有一次緊急警報來時，一位同學倉皇之間，竟然鑽到他的腿下，也許性急之下，本能地覺得那是一個安全的地方。

　　跑警報時安步當車，泰山崩於前而不變色。那就是一種底氣！無所畏懼，更是一種人生境界！聯大不少師生對日軍的轟炸無所畏懼，置生死於度外。

　　從梅貽琦日記可以得知昆明遭到空襲的細節。1941年12月18日，上午9：30至下午2：30有空襲警報，敵機轟炸昆明東門，死傷百餘人，聯大職員高以信夫婦及小孩被炸死。面對敵機的倡狂轟炸，也並非束手無策。12月20日，上午9：30至下午2：30有空襲警報，但敵機未進入昆明上空，原來是「在桂、滇被擊落三架」。

日軍轟炸昆明市中心的「天開雲瑞坊」。

劉文典大呼：「保存國粹！」

聯大師生跑警報有近有遠，最近的就是鐵路後面的白泥山，位於驛道東側，這片地方即今天昆明理工大學的教工宿舍區，那裏至今保留著這一片難得的小森林……稍遠的，就沿著驛道上坡，下蘇家塘朝左上小虹山。劉文典跑警報，經常往這兩個地方跑。

劉文典1947年攝於雲南大學。

某一天，日軍轟炸機來襲，昆明城內拉響了緊急警報，西南聯大的教授和學生四下散開躲避。劉文典跑到中途，忽然想起他「十二萬分」佩服的陳寅恪身體羸弱，視力不佳，行動更為不便，便匆匆率領幾個學生折回來趕赴陳的寓所，一同攙扶陳往城外躲避。學生要攙扶劉文典，他強撐著不讓學生扶他，大聲叫嚷著：「保存國粹要緊！保存國粹要緊！」讓學生們攙著陳寅恪先走。

1940年10月28日，這天早晨聯大剛上課不久，七點十五分，警報大作。吳宓和陳寅恪和聯大師生一起跑警報，北行至第二山（小虹山）。十二點半，敵機九架呼嘯而至，轟炸圓通山未中，在東門掃射。轟炸時，陳寅恪和吳宓坐在一起，吳宓正在閉目養神打瞌睡，遠處傳來的轟炸聲打擾了他的清夢。下午三點至四點，吳宓到了第一山（白泥山），遇到劉文典夫婦，他們交談。吳宓寫了一首祝壽詩，請劉文典過目，讓他給潤色。

劉文典對這種跑警報的生活看得開，很豁達，他寫信給遠在美國的信中風趣地匯報：

所堪告慰於老友唯有一點，即賤軀頑健遠過於從前，因為敵人飛機時常來昆明擾亂，有時早七點多就來掃射，弟因此不得不黎明即起，一聽到警報聲，飛跑到郊外山下，直到下午警報解除才回寓。因為早起，多見日光空氣，天天相當運動，都是最有益於衛生，所以身體很好。弟常說，「敵機空襲頗有益於昆明人之健康」，並非故作豪壯語，真是實在情形。

在動輒炮火連天的狀況下，為了保證家人的安全，劉文典不得不經常變換住所，四處搬家，從早期的一丘田五號到龍翔街七十二樓，最後不得已又搬到了位於滇池之濱的官渡西莊。

搬到官渡西莊以後，儘管要跑很遠的路程才能趕到聯大上課，但每日裏走出房屋，南邊便有流水松竹，鬱鬱林木，淙淙流水，聲聲鳥鳴，讓劉文典似乎暫時忘卻了塵世間的戰亂。獨坐林下，捧一卷古籍在手，讀一段文字，呷一口清茶，再極目眺望遠方，真是一種難得的桃源意境：

西莊地接板橋灣，小巷斜鄰曲水間。
不盡清流通滇海，無邊爽氣把西山。
雲含蟾影松陰淡，風送蛩聲葦露寒。
稚子臨門凝望久，一燈遙識阿爺還。

月明風輕、小橋流水、天倫之樂，在劉文典的筆下，渾然融為一體，宛如一幅美麗的山水畫卷。只可惜，這種愜意與放鬆永遠是短暫的。作為一位自始至終牽掛國家命運的傳統文人，劉文典根本無法做到「躲進小樓成一統」，他時刻惦念的依然是天下蒼生的疾苦：

繞屋松篁曲徑深，幽居差幸得芳林。

浮沉濁世如鷗鳥，穿鑿殘編似蠹蟬。

極目關河余戰骨，側身天地竟無心。

寒宵振管知何益，永念群生一涕零。

官渡距離昆明城十幾公里，一般要坐火車去。從家裏到火車站要走半個小時，下了火車後到學校還有五公里的路程，也是走。有時候，走在路上，突然遇到防空警報，趕緊先找個地方躲一躲，等稍微安穩些後再繼續趕路。

馮友蘭躲進城牆洞

1935年，馮友蘭一家在清華大學住宅合影。

在昆明受到的戰爭直接威脅是空襲，從1938年9月開始，日軍的飛機轟炸昆明。對於聯大師生而言，最危險的事情是，西南聯大成為日寇轟炸的目標。珍珠港事件爆發後，日軍侵佔香港、越南、緬甸，原來是大後方的昆明成為前方。不過，由於美國捲入二戰，成為同盟國，美軍的空軍飛虎隊駐紮昆明，和來犯敵機空中作戰，日軍的空襲漸漸消失了。

　　日軍剛開空襲時，有些人過分誇大空襲的危險，說像昆明這樣大的城，用五百磅的炸彈，四角各扔一個，這座城就全完了。馮友蘭回憶，於是人們就開始考慮到選擇居住的地方，要分散，不要集中，要遠離軍事目標。人們就開始向城外遷移，用當時的話說，叫「疏散」。

　　馮友蘭在《三松堂自序》中寫道：

> 我們剛到昆明時租的房子在登華街，接近鬧市，因為要疏散，就搬到小東城角，這是小東門內靠近城牆的地方。雇人把城牆挖空，裏面架上木料，就成了一個防空洞。這個防空洞還可以通向城牆外邊，城牆內外各有一個洞口，如果一個洞口被堵塞了，還可以從另一個洞口出去。人們一看都說很好，只要不是直接命中，是很保險的。修好以後，我們全家，左鄰右舍，一聽見空襲警報，都鑽進這個防空洞。不過有了這個防空洞，還得保護它，這就不是一家的力量所能做到的了。其中的木料往往被人偷走，漸漸地就剩下一個空土洞了。這就考慮要疏散到城外鄉村裏去。先疏散到離城七八里的村子。後來又疏散到離城十七八里的村子，叫「龍頭村」。

歲月滄桑，馮友蘭一家曾經藏身的昆明老城牆，估計早已消逝在歷史的煙雲中，找不到一點遺跡。

陳達教授坐墳頭講課

　　一日，社會學教授陳達上人口學，講著講著，警報響了，同學們正聽得津津有味，提議到郊外躲空襲兼上課，陳達欣然同意。他

們來到小山上，找一片茂密的樹林，十餘人坐下，把筆記本放在腿上，邊聽邊記，陳達則坐在一塚土墳上講課，歷時一個半小時，吸引得其他疏散的人也站著聽課。

1946年，陳達根據過去和當時的日記，整理成自傳性隨筆《浪跡十年》一書，書稿殺青於呈貢縣文廟後寓所。這本書記錄了作者戰時在昆明的工作和生活，不僅反映出西南聯大的教學和科研等重要問題，而且折射出這時期雲南的社會問題和戰時雲南教育狀況。就在這本書中，陳達對跑警報時坐墳頭講課一事有詳細記錄：

> 昆明北門外聯大新校舍一八甲教室內，學生絡繹來到。準備上人口問題課，時為晨十時三十五分，忽聞空襲警報！有人提議到郊外躲警報兼上課，余欣然從之。向北行，偏西，過蘇家塘及黃土坡，見小山充滿樹林，前面海源寺在望，此地離北門約六里。學生十一人即在樹林裏坐下，各人拿出筆記本，余找得一泥墳坐下，講C. gini氏及Pearl與A.M. Carrsaunders氏的人口理論，歷一小時半有餘。陽光頗大，無風。在曠野樹林下講學，大家認為難得的機會。其他疏散人等路過此地，亦站片刻聽講。有些人是好奇，有些男女鄉人，更不知其所以然。小販吆喝聲，叫賣糖果與點心，稍稍擾亂思路。不然，可以調劑屋內上課的機械生活與沉悶。（陳達《浪跡十年‧轟炸機下讀書聲》）

跑警報改變了正常上課的形態，也拉近了師生之間的距離。據陳岱孫回憶：「警報一響，師生一起跑出去，敵機飛到頭上時，大家一起趴下，過後學生抬頭一看，原來是某某老師，相視一笑。」在這種處境下，以前高立講壇上不可接近的教師和謙卑遵從的學生前所未有地親密起來。

另據曾在聯大就讀的李希文（現任雲南大學外語系教授）回憶，馮友蘭先生曾站在炸彈坑裏上課。宗璞在〈漫記西南聯大和馮友蘭先生〉文中感慨地寫道：「並不是沒有別的教室，而是炸彈坑激勵著教與學，這種不屈不撓的精神，上昭日月。」

跑警報的幽默和浪漫

西南聯大的師生一聽到空襲警報，就停下課來，老師學生都往山林疏散，往防空洞裏跑──所謂「跑警報」是也。對於跑警報的經歷，陳寅恪也曾寫過一則趣聯：「見機而作，入土為安」。「機」指來空襲的飛機，「入土」指進防空洞。緊急中不忘幽默。

當時陳寅恪居住的靛花巷樓下空地上挖了一個防空洞，但經常水深盈尺，陳寅恪帶著椅子跑警報，以便能在水洞中坐下，一直到空襲警報解除。

傅斯年、湯用彤、羅常培等也住在這棟樓房，三層，共18個房間。每次警報一響，大家都往樓下跑，甚至跑出北門。但傅斯年晃動著肥胖的身軀，從樓下跑到三樓，氣喘吁吁地通知陳寅恪跑警報（陳寅恪有睡午覺的習慣）。危急之中，傅斯年把陳寅恪攙扶到防空洞，才會安心。

潘光旦先生在聯大學生中格外引人注目，他最顯著的身體特徵是缺了一條腿，那是他在清華讀書期間踢足球意外造成的。他拄著拐杖走路。但登山涉水，不異常人。有一次，跑警報到達山裏時，他對學生和同事自嘲地説道：「看，我跑警報不比你們慢吧。」

聯大師生是善於苦中作樂的，跑警報是事關生死的大事，氣氛緊張，心裏驚慌，但他們會找另一種方式來尋求解脱，以幽默來緩解精神的緊張，作為生活的潤滑劑。跑警報反而成了一種別樣的「樂趣」。費孝通在〈疏散──教授生活之一章〉中説寫道：「昆

明跑警報，在跑得起的人，即便不說是一種享受，也絕不能說是受罪。」

昆明雖然警報常有，但真正投彈轟炸的次數並不多。昆明不像重慶有優良的防空洞，警報來了，大家跑到郊外，轟炸時鑽進深不及三四尺的壕溝，大部分時間享受野外清新的空氣、溫暖的陽光，的確「有自身不太討厭的引力」。比起重慶來又是另一番情景，重慶作為陪都，是敵機轟炸的主要目標，警報遠較昆明頻繁，一大群人待在又熱又悶又潮，點著燈的山洞裏，一點舒服也談不上。正是在這樣的景況之下，人們不但不驚惶，不恐怖，甚至還展開想像力遐想一番，造出一些「傳說」來。費孝通寫道：

> 昆明這種跑警報除了心理上的安慰外，我是不相信有什麼效用的。這一點，大概很多人也感覺到了的，所以當時有很多傳說，敵人來轟炸昆明是練習性質，航空員到昆明來飛了一圈跑回去就可以拿文憑，是畢業儀式的一部分，所以誰也不認真；又說，東京廣播裏曾提到為什麼不掃射暴露在山頭上群眾的原因。「你們這些在郊外野餐的青年男女們連一點隱蔽也沒有，破壞你們的豪興，似乎太不幽默」。這些傳說顯然是昆明人自己編出來的，但也能夠說明跑警報時的空氣了。

從費孝通的筆下的情形來看，這種緩解轟炸緊張情緒的自我想像和打趣，的確讓跑警報「有自身不太討厭的引力」。顯然是對日寇空襲轟炸戰術的一種藐視，不僅沒有嚇壞聯大人，反而為他們的生活帶來別樣的樂趣。

在跑警報特殊的氣氛下，促成了不少男女戀愛的機緣。這是跑警報跑出的「浪漫」。費孝通說：「警報幫助了不少情侶，的確是

事實，我想實在討厭這種跑警報的人並不會太多。昆明深秋和初冬的太陽又是特別的可愛。風也溫暖。有警報的日子天氣也必然是特別晴朗。在這種氣候裏，誰不願意在郊外走走。」

從汪曾祺在〈跑警報〉文中，可以看到跑警報如何演繹成我們今天想像不到的「浪漫的事」。汪曾祺寫道：

> 跑警報是談戀愛的機會。聯大同學跑警報時，成雙作對的很多。空襲警報一響，男的就在新校舍的路邊等著，有時還提著一袋點心吃食，寶珠梨、花生米……
>
> 他等的女同學來了，「嗨！」於是欣然並肩走出新校舍的後門。跑警報說不上是同生死，共患難，但隱隱約約有那麼一點危險感，和看電影、遛翠湖時不同。這一點危險感使兩方的關係更加親近了。女同學樂於有人伺候，男同學也正好殷勤照顧，表現一點騎士風度。正如孫悟空在高老莊所說：「一來醫得眼好，二來又照顧了郎中，這是湊四合六的買賣」。從這點來說，跑警報是頗為羅漫（曼）蒂克的。有戀愛，就有三角，有失戀。跑警報的「對兒」並非總是固定的，有時一方被另一方「甩」了，兩人「吹」了，「對兒」就要重新組合。

所以聯大師生常躲避轟炸的古驛道右側較高的土山上有一橫斷的山溝裏，發現這樣的對聯就不足為怪了。這些防空洞不僅表面光潔，有的還用碎石子或碎瓷片嵌出圖案，綴成對聯。其中有一幅對聯給汪曾祺留下很深刻的印象。聯曰：人生幾何，戀愛三角！

這大概是跑警報的「對兒」重新組合後，某一失戀者創作的。這如同當今大學公共教室的「課桌文學」。這對聯令人莞爾一笑。

不跑警報

聯大師生也有不跑警報的。先看不跑警報的學生。

何兆武回憶說，他知道有一位姓楊的同學就不跑警報，有一次他正在喝茶，炸彈落在附近，震翻了茶杯，他不但沒有害怕，還撿了一個彈片作為紀念。汪曾祺說他知道的，有兩個人：「一個是女同學，姓羅。一有警報，她就洗頭。別人都走了，鍋爐房的熱水沒人用，她可以敞開來洗，要多少水有多少水！另一個是一位廣東同學，姓鄭。他愛吃蓮子。一有警報，他就用一個大漱口缸到鍋爐火口上去煮蓮子。警報解除了，他的蓮子也爛了。有一次日本飛機炸了聯大，昆明（華）北院、南院，都落了炸彈，這位鄭老兄聽著炸彈乒乒乓乓在不遠的地方爆炸，依然在新校舍大圖書館旁的鍋爐上神色不動地攪和他的冰糖蓮子。」姓楊的同學、姓鄭的同學，頗有大將風度，置敵機轟炸於不顧，神態自若，想來令人心折和嘆服。

詹鍈在西南聯合大學畢業後在中文系任助教，曾抱著聞一多先生的《唐詩大系》手稿跑過警報。「但是聞先生從來不跑警報，他怕跑警報耽誤時間，在自己的院子裏挖個防空洞，日本飛機來時，下防空洞躲一躲就算了……」

日軍轟炸西南聯大校舍後之慘狀。

1940年6月，沈從文、孫毓棠、卞之琳同住在翠湖北面的文林街師範學院宿舍。沈從文每週有三天在聯大上課，每逢進城上課時，就在此休息。有一次，日本飛機轟炸。沈從文跑警報回來後，遠遠地發現竟能看見自己的房子裏的景象，走近了才知原來空襲時房子有一面牆壁已經在轟炸中倒塌，而坐在房中的卞之琳竟還渾然不覺地在裏面看書，一直沒有發現牆壁已經倒塌。卞之琳能在轟炸之中，聚精會神地讀書，忘記自己和周圍發生的一切。

1944年7月，紀念抗戰七周年時，聞一多在昆華中學講了一個「不怕炸」的故事。發生在日機轟炸昆明最頻繁的年頭，城中人心惶惶，但武成路有家牛肉店卻掛出上了顯目的「不怕炸」招牌，叫「不怕炸牛肉店」。這小飯館很有骨氣，代表了中華民族的氣節，為了表示對這家店鋪的敬意，聞一多特意去喝了一碗美味的牛肉湯。一個小飯館連轟炸都不怕，還會跑警報嗎？

跑與不跑，正像汪曾祺在〈跑警報〉一文中所説，不在乎！

事實上，整個西南聯大放在抗日戰爭的大背景來看，是「不跑警報」的。自1938年9月，日軍飛機頻臨昆明進行空襲，狂轟亂炸，西南聯大教職員宿舍亦有被炸毀的，造成人員傷亡。1941年，日軍又侵入雲南邊境，戰況激烈，並有一部日軍直驅進入桂黔騷擾，當時抗戰形勢危急，但聯大歸然不動，校內教學正常，學生勤奮讀書依舊，整個學校有序不紊，處亂不驚，表現了中華民族堅苦卓絕的偉大精神。

終結跑警報的日子

在聯大師生的記憶裏，總會想起昆明那藍得透明的天空，那樣澄澈，那樣高遠；想起那白的勝雪的木香花，從籬邊走過，香氣繞身，經久不散。但跑警報的日子，同樣是刻骨銘心。

日軍空襲從1938年秋天到1943年秋天，其中1940年至1941年最為強烈和頻繁。昆明的天空失去了原有的美麗與寧靜，用了5年的時間才漸漸恢復。疏散到在鄉下的聯大學者已日漸熟悉那些呼嘯而來、凌厲投彈的日軍飛機了。仰望天空時，除了憤恨，有一點熟視無睹。而有一天，興奮卻長久地刺激著他們。

1943年的一個秋日，聯大學生馮誠柏站在山頂上和同學們數著日本的飛機，一共27架。「美國飛機就是穿梭，上上下下，上上下下；日本飛機始終保持隊形。可是一會兒你就看到，啪，掉下來一架。那一次打下七架。我的印象比較深的是，那一次以後，日本飛機再也不敢來了。它傷得太厲害了。」

周培源先生的夫人也回憶到美國飛虎隊擊落日本空襲昆明的飛機。那時，周培源一家疏散到昆明郊區山邑村，周培源的女兒周如蘋寫道：「一次母親站在院子當中看著美國飛虎隊追打日本飛機，眼看日機變成一團火，直落進滇池，大家那個興奮就別提了，Blackie（周培源家養的一隻英國獵犬）也跟著又蹦又跳。」

讓日軍聞風喪膽的是美國陳納德將軍率領的「飛虎隊」，從1941年開始在中國上空作戰數百次，成為令日軍膽寒的「空中猛虎」。而這一次的打擊，使日本飛機從昆明上空銷聲匿跡了。

聯大師生的飲食

聯大學者的飯局

從聯大學者的日記來看他們的飯局和應酬，是個很有意思的話題。

浦江清的《清華園日記》和《西行日記》，雖然沒有《吳宓日記》那樣厚重，「但囊括了友朋社交，孝悌親情，學府風光，戀愛結婚等等，豐富多彩；它更是一個人幾十年活生生、信得過的生活實錄，不假修飾，嬰兒般赤裸袒露」。

學者錢定平在讀《浦江清日記》時發現，當時大學文、理各科同仁雞犬相聞，不存芥蒂，經常往來，沒有藩籬，常常聚在一起把酒歡談。根據錢的初略統計，這種目的的大宴小酌，日記中竟有七十次之多。

> 他們的聚會，不是酒囊飯袋的麇集，而是睿智雅懷的聚合，大有植、白古風。其中有說過名言「大學者，非有大樓之謂，有大師之謂也」的梅貽琦校長，還有陳寅恪、馮友蘭、吳雨僧等一大批文化大師的音容笑貌，也可一睹熊慶來、趙忠堯、沈有鼎、楊武之等大匠的格致風采。即使在抗戰中的

昆明,雖然極端艱苦,有機會也要聚一次。這是一種心靈契合,山水交匯,豈俗人所能攀附?(錢定平〈浦江清日記的境界〉)

《吳宓日記》中記錄的聯大教授的宴飲、聚餐就更詳細了,吳宓習慣性地把每次宴飲的菜品、菜金都寫得清清楚楚,當然和誰在一起宴飲,談的什麼話題,座中女性著裝、打扮,自然也會收錄筆端。1939年9月3日,是吳宓46歲生日。早在8月16日,吳宓的弟子周玨良等人(多為椒花詩社成員)要作詩慶賀其生日,吳宓聞知,先作一首〈賦謝詩〉。吳宓生日這一天,周玨良、李賦寧、鄭僑、王德錫各作一律為祝,「步宓八月十六日〈賦謝詩〉韻」。這天晚上,吳宓請客,客人有徐芳、張敬、李天真三小姐、藝專校長滕固、聯大同仁毛子水等人,以及周玨良、李賦寧、鄭僑、王德錫等人。

《朱自清日記》中,也會對菜的味道、好壞做簡單評價,席間談論的話題,如果是學術性的,對朱自清有啟發,就會詳細地記錄下來。以1939年12月為例,朱自清多次參加聚餐會。12月17日,應妻子陳竹隱的建議,和聯大吳達元夫婦、余冠英等人去妙高寺野餐。旅途愉快,寺廟內有兩株參天古杉,駐軍已撤走,環境整潔幽靜。他們野餐後,玩橋牌助興。29日,歷史語言研究所的李方桂應羅常培邀請,為聯大中文系教授講課,朱自清在日記中記錄道:「著重講了語言學與語音學的不同……他提醒我們漢語中『老婆』一詞在英美語言中就沒有相等的詞……」晚上,朱自清參加了答謝李方桂的晚宴。30日,朱自清邀請雷海宗夫婦晚餐,「交談甚有趣,並暴露余甚無知」。

日記中記錄的學者的飯局,多是穿衣吃飯、交流談天,但也折射出一些其他的東西。

梅貽琦的酒量

　　《梅貽琦日記》中記錄的聯大學者的宴飲，只簡單地交待學者的姓，如果不熟悉聯大的教授，看得一頭霧水，好在編者有注釋。這可能和梅貽琦公務繁忙有關，但他一直堅持寫日記。

　　梅貽琦是聯大常委，在校內，他和聯大學者有不少飯局；校外，他要和重慶國民黨政府、教育部打交道，還得與雲南地方政府、軍隊、士紳不斷應酬。同時，在公務上，也少不了和美國駐昆盟軍、英美訪問學者打交道。所以，梅貽琦的飯局特別多，好在他酒量頗大，擅飲酒，酒德佳。

　　梅貽琦之子梅祖彥憶及其父，曾言：「先父在外表上給人印象嚴肅拘謹，非對熟人不苟言笑，實際上他對生活仍是充滿熱情的。例如他喜歡喝酒，酒量很大……」考古學大師李濟回憶：「我看見他喝醉過，但我沒看見他鬧過酒。這一點在我所見過的當代人中，只有梅月涵先生與蔡孑民（蔡元培）先生才有這種『不及亂』的記錄。」梅貽琦嗜酒而不酗酒，並且在這一點上也堪稱「君子」，以至於被酒友們尊稱為「酒聖」。

　　小事情，可見一個人的修養和境界。1942年6月，梅貽琦和鄭天挺由重慶去敘永聯大分校考察工作，敘永當地政府招待梅貽琦。《梅貽琦日記》中記道：「菜頗好，但饟肉餡者太多，未免太糜費耳。」還有一次，在出席了重慶英國使館的便宴後，梅貽琦感慨人家「飯菜極簡單，以視吾國人之奢靡，殊有愧爾！」

　　相對於不得不喝的「公務酒」，梅貽琦很享受與同事、朋友在一起的「生活酒」。在這樣的酒桌上，梅貽琦心情很放鬆，和同事、朋友增進了感情交流，又緩解了時局與校務的沉重壓力。喝了酒，他最喜歡的「餘興節目」，是談詩、聽曲（崑曲／大

鼓）、獨自賞月、看竹（麻將）、或bridge（橋牌）。梅貽琦出差到重慶時，忙完公務，一次老舍邀請他聽京戲；一次，張充和為他清唱崑曲。

梅貽琦也有喝高的時候，清醒時少不了責怪自己。一次，張充和請客，梅貽琦赴飲夜歸，步抵寓所猶暈暈乎乎，等到清醒，已走過頭好一段冤枉路；又有次，雲南名流繆雲台請客，梅貽琦「甫離席即欲睡」，被人攙扶上床，「已自不知不切矣」；還有一次，史學家傅斯年在飯後請他鑑賞新購的古董，顯然因為酒多力猛，把玩間，梅貽琦竟將一柄銅劍的尖端「扳返」，窘得他因之內疚了好長一陣子……（方一戈〈梅師原來酒亦好〉）

1945年10月14日，梅貽琦和家人、朋友在東月樓食烤鴨，飲「羅絲釘」，酒甚烈，「又連飲過猛，約五六杯後竟醉矣，為人送歸家」。酒醒後，梅貽琦告誡自己「以後應力戒，少飲」。

梅貽琦晚年在臺灣病逝，他的公子梅祖彥認為梅貽琦的健康因飲酒過多受到影響。

抗戰勝利後的飯局和時局

抗戰勝利兩個月後的一天——1945年10月28日上午十點半，梅貽琦與清華服務社委員會討論公務，會後聚餐，梅貽琦為答謝諸君努力，「飲酒約廿杯」。這天晚上，梅貽琦赴章矛塵（章廷謙）之約，同座有傅斯年、楊振聲、樊際昌、錢端升、周炳琳、湯用彤，皆北大同人。「食螃蟹，為漢口帶來者，餘菜亦頗精美。」大家在飯局談論時局以及學校將來的問題，談的

聞一多。

非常熱烈。受所談問題的影響，這天，梅貽琦在日記中寫道：「蓋倘國共問題不得解決，則校內師生意見將更分歧，而負責者欲於此情況中維持局面，實大難事。民主自由果將如何解釋？學術自由又將如何保持？使人憂惶！深盼短期內得有解決，反而非但數月之內，數年之內將無真正教育可言也！」梅貽琦的憂慮，針對時局而發，他已經看到國民黨要打內戰，故有此言。而聯大師生也面臨著兩條道路的選擇，隨後的「一一‧二五」那個晚上在聯大校外響起的槍聲，以及「一二‧一」慘案引發的民主運動浪潮都證實了梅貽琦的判斷。

1945年11月5日，晚上六點，梅貽琦應聞一多、聞家駟兄弟以及曾昭掄、吳晗的約請，在昆南宿舍潘光旦家，和傅斯年、楊振聲一起吃飯，大家喝了9斤多酒。飯後，大家談政局以及校局問題頗久，至十二點始散。當時，聞一多、曾昭掄、吳晗、潘光旦都已加入了中國民主同盟，聞一多、吳晗傾向共產黨，有人把聞一多叫聞一多夫，把吳晗叫吳晗諾夫，把羅隆基叫羅隆斯基。對於聞一多的轉變，馮友蘭不理解，當面問他為何當共產黨的尾巴，聞一多說，甘願做共產黨的尾巴，他曾有加入中國共產黨的要求。顯然，梅貽琦對聯大教授的思想動態非常清楚，他想持中間立場，這一天，他在日記中寫道：「余對政治無深研究，於共產主義亦無大認識。對於校局，則以為應追隨蔡孑民先生相容並包之態度，以克盡學術自由之使命。昔日之所謂新舊，今之所謂左右，其在學校應均予以自由探討之機會，情況正同。此昔北大之所以為北大，而將來清華之為清華，正應於此注意也。」

「一二‧一」慘案很快就要到來了，在某種程度上來說，這應是聯大教授左中右派最後的晚餐，「一二‧一」運動之後，再無這樣坐下談論時局的可能。

學者的餞行宴

聯大的學者非常重視友情，以聚餐、宴飲的方式，為遠道而來的朋友接風洗塵，或者為出國遠行者餞行，在戰爭陰霾的籠罩下，師友弦歌在春城，隨著時局的變化和各自人生道路的岔開，萍聚又星散，相忘於江湖。

1939年春，英國牛津大學敦聘陳寅恪為漢學教授，並授予英國皇家學會研究院職稱。陳寅恪因不習慣昆明高原氣候，時常生病，又心思與旅居香港的家屬團聚，決定於夏天離開聯大赴英國講學。吳宓特意在昆明市的海棠春餞別，時值端陽，吳宓贈詩曰：

> 國殤哀郢已千年，內美修能等棄捐。
> 澤畔行吟猶楚地，雲中飛禍盡胡天。
> 朱顏明燭依依淚，亂世衰身渺渺緣。
> 遼海傳經非左計，蟄居愁與俗周旋。

筆者查閱《吳宓日記》，未找到這次請客的記錄。有一個注釋：1939年4月10日只6月28日的日記，在「文革」被抄沒，未歸還。

1944年春，聯大歷史系何炳棣在聯大新校舍遇到其師聞一多，此時何在大西門外昆華中學兼課已半年多，有一間宿舍。聞一多想在昆華中學兼課，希望獲得兩間宿舍，以免城裏、鄉下奔波之苦，何炳棣將聞先生的這個意願告訴給李埏（雲大文史系講師，兼任昆中教務主任），李埏和昆華中學校長徐天祥喜出望外，慷慨地給予聞一多專任教師的待遇。報酬是每月一石（100斤）平價米和20塊雲南通行的「半開」（兩塊「半開」合一個銀元）。並將樓上兩間醫務室騰出，安置聞一多一家住宿。

何炳棣在《讀史閱世六十年》書中回憶：

> 這20塊「半開」的待遇是我們一般兼課的人所沒有的，銀元在當時是非常「頂事」的，更何況聞先生已開始以篆刻收入補家用，所以那時聞先生全家的生活並不是像一般回憶文章裏所說的那麼困難。

何炳棣已考取清華第六屆庚款不久即將出國（後成為海外著名的歷史學家），「聞師及師母預先為我餞行，準備了一頓非常豐盛的晚餐」。主菜是用全只老母雞和一大塊宣威火腿燉出的一大鍋原汁雞火湯，其醇美香濃，使何炳棣終身難忘。聞先生告何炳棣：「我們湖北人最講究吃湯。」何炳棣說，少年時曾聽到有些前輩說，飯飽不如菜飽，菜飽不如湯飽，確實很對；湖北吃的文化是很高的。何炳棣想起自己的一段經歷：1943年他由上海兜大圈子、越秦嶺過成都時，曾問成都當地哪種湯菜最實惠最有名，回答是：「原鍋子湯。」問及用料，以肘子、豬心、整顆蓮花白對。何炳棣請教聞先生，這種大的鍋菜是否源自湖北？聞先生說很可能是，因為明末張獻忠屠蜀後，江西人入湖北、湖南，兩湖人實四川，把大鍋湯菜傳統帶進四川，這是非常合理的推測。

學人的飲食、宴飲，也和常人不一樣，筆者喜歡看這樣在席間瑣屑的談資，人在放鬆的時刻，三五師友，天南地北地聊天，總會無意間流露出他們的才情和性情。

1944年9月15日，晚，梅貽琦在家宴請聯大的同事莫泮芹夫婦、陳夢家夫婦、吳宓、馮友蘭夫婦，王力夫婦、聞一多、吳晗（字辰伯），這天晚上梅貽琦的夫人韓詠華因為患痢疾，未能陪座。梅貽琦這次請客，是餞行宴，為陳夢家夫婦和吳宓送行。陳夢家和趙蘿蕤要去美國留學，對於這個決定，其師聞一多並不贊成，認為這是

抗戰最關鍵的時刻，應該留在昆明，但去美國留學是陳夢家夢寐以求的事，有了機會，自然不能錯過。吳宓休年假，要赴四川成都，因為好友陳寅恪在成都，任教燕京大學，吳宓去成都度年假，是想和陳寅恪朝夕相處；吳宓還有親屬在成都，也是他去成都的原因。這天晚上陰沈沈的，要下雨的樣子，客人散去時，梅貽琦慶倖沒有落雨，不然，他心有不安。由此可見，梅貽琦宅心仁厚，有儒家君子仁愛之風。

朱自清的飲食與胃病

1941年3月8日，朱自清在日記中寫道：「本來諸事順遂的，然而因為饑餓影響了效率。過去從來沒有感到餓過，並常誇耀不知饑餓為何物。但是現在一到十二點腿也軟了，手也顫了，眼睛發花，吃一點東西就行。這恐怕是吃兩頓飯的原因。也是過多地使用儲存的精力的緣故。」饑一餐，飽一頓，朱自清習慣地多食，導致胃病發作，在他的日記中常常看到「胃病發作」、「胃痛，抽搐」、「每日嘔水」等文字。我們能想像到朱自清先生清冷而孤寂的身影：胃部感到寒冷不適，夜間坐在那裏，不能入睡。令人心酸。長期的粗劣伙食使他的胃病加重，狀況惡化，最終導致了朱自清先生英年早逝。

1939年8月，朱自清與夫人陳竹隱、三子朱喬森、幼子朱思俞（前右）攝於昆明翠湖公園。

朱自清的胃病顯然是戰時惡劣的條件導致，但一個不容忽視的原因是，朱自清經常進食過量，加重胃的負擔，長期如此，導致嚴重的胃疾。從上世紀40年代的日記中，隨處可看到這樣的記錄。

> 在喬治家吃晚飯，食物好消化，但我吃得太多，以致胃又難受。（1939年12月1日）
>
> 天冷，貪食致胃病復發。（1939年12月10日）
>
> 吃得太多，腸胃消化不良。（1939年12月31日）
>
> 沈夫人（沈從文夫人張兆和）做酒釀雞蛋，我感到很新鮮，味道也好。（1940年1月25日）
>
> 戴太太午飯時給我們吃了饅頭，因為一共吃了七個，致胃病發作。（1940年2月22日）
>
> 遇孟實（朱光潛），發現他酒量甚大，較我尤能豪飲。我們在盛開的梅花樹下用餐，陽光融融，溫暖宜人。我們拗不過馮將軍盛情，飲酒十餘杯，但願此舉於我無害。（1941年2月7日）
>
> 午餐、茶會上均食過量。午餐係大學裏的人請客。在茶館吃麵條後，胃部立即抽搐。（1941年11月23日）
>
> 今日兩餐皆吃胡豆飯，不覺逾量。（1942年3月21日）
>
> 早晨很冷，三時醒來不能再入睡。勉力出席八時的課程，回到宿舍時像個軟體動物。讀錢基博（錢鍾書之父）的《明代文學》。午睡後額外食月餅一塊，致胃不適，當心！是收斂的時候了，你獨居此處，病倒了無人照料，下決心使自己強健以等待勝利。（1942年12月11日）

讀朱自清日記中關於飲食和食物的部分，隱約覺得，朱自清多食，是免於饑餓的恐懼。但也有生活習慣的成分。也許在他的潛

1948年朱自清與陳竹隱及幼女朱蓉儁攝於頤和園。

意識中，吃得飽，吃得好，這不僅是每個人的生活本能，更是有精力授課、做學問、寫文章的保障。朱自清作為大學教授收入不薄，但抗不住飛漲的物價，朱自清夫婦多病，又出身貧寒之家，子女多，家累，負擔重。生活質量無法保證，有時他吃一塊又黑又粗的麵包，蘸點鹽就是一頓。接受宴請時，遇到豐美的菜肴，自然會多吃一點。朱自清總歸是一介寒儒，在昆明的幾年，輾轉流離，簞食瓢飲，弦誦茄吹，潛心向學，孜孜不倦。

日記中關於飲食的真實記錄，還原了一個人間的朱自清，多食是導其胃病的主要原因，更接近歷史真相。這樣的判斷無損朱自清的光輝形象，而是避免將其神話的完美色彩。筆者覺得，日記中的朱自清更讓人覺得可親，他的一飲一啄，喜怒哀樂，清晰地在日記中呈現。

朱自清熬過了抗戰最艱難的時刻。但也付出了沉重的代價，嚴重的胃病使得健康狀況急遽下降。1945年夏天，抗戰臨近勝利，47歲的朱自清已經衰老得令老友感到吃驚。吳祖緗見到他的時候，這樣寫道：「等到朱先生從屋裏走出來，霎時間我可愣住了。他忽然變

得那樣憔悴和萎弱，皮膚蒼白鬆弛，眼睛也失去了光彩，穿著白色的西褲和襯衫，格外顯出瘦削勞倦之態。……他的眼睛可憐地眨動著，黑珠作晦暗色，白珠黃黝黝的，眼角的紅肉球凸露出來；他在凳上正襟危坐著，一言一動都使人覺得他很吃力。」

1948年8月1日，朱自清在給朋友的信中說：「半年來胃病發作三次，骨瘦如柴……」而此前的6月18日，朱自清在「拒絕美援麵粉」的聲明上簽字。他在日記中寫道：「此事每月須損失六百萬法幣，影響家中甚大。但余仍決定簽名。因余等既反美扶日，自應直接由己身做起，此雖為精神上之抗議，但決不應逃避個人責任。」

1948年8月10日，彌留之際的朱自清對妻子陳竹隱斷斷續續地說：「我……已……拒絕……美援，不要……去……買……配售……的……美國……麵粉。」這成為他的遺言。

清華大學鄧以蟄教授對朱自清的悲慘遭遇發出抗議：

舉目傷心，此去焉知非幸事。
一寒澈骨，再來不作教書人。

馮友蘭的輓聯是：

人間哀中國，破碎山河，又損傷《背影》作者；
地下逢一多，心酸論語，應惆悵清華文壇。

朱自清以生命的代價維護了那個時代知識份子的尊嚴。朱自清的胃病也是經歷八年抗戰之後中國學者的後遺症。

朱自清在胃病日趨嚴重的狀態下工作，奉獻出大量的研究成果和學術著作，最後的悲慘命運，讓人慨歎。「青燈黃卷，焚膏繼

晷，吃的是草，擠的是奶，生命不息，工作不止，中國知識份子的命運大抵如此。」

馮友蘭的家宴

西南聯大文法學院在蒙自的時候，由於戰爭緣故許多教授的家眷都還沒到雲南蒙自，馮友蘭的夫人任載坤便在星期六輪流請老師們到家裏吃飯。一般是炸醬麵、攤雞蛋皮、炒豌豆尖等家常菜。宗璞回憶說，以後到昆明也沒有吃到那樣好的豌豆尖了。宗璞說：「母親的手很巧，很會做麵食。朱自清曾警告別人，馮家的炸醬麵好吃，但不可多吃，否則會脹得難受。」

宗璞在文章中回憶，馮友蘭先生喜酒，但從不多飲。31歲時曾和另三位先生，一夜喝了十二斤花雕，這是少有的豪放了。馮友蘭很幽默，他在家時常給我們講笑話，比如柏拉圖買麵包。（注：嘲笑哲學家的故事。柏拉圖差人去買麵包，店老闆說，講抽象的柏拉圖買麵包嗎？我們只有這個麵包、那個麵包，沒有抽象的「麵包」。於是柏拉圖餓死了。）哲學教授們自稱為「哲學動物」，有時用哲學開玩笑。

燕卜蓀請客論詩

在昆明時，英國詩人、聯大外文系教授燕卜蓀和法國教授邵可侶（Reclus）同住在北門街一座西式的樓房裏。邵可侶是法國軍事代表團駐昆辦事處新聞室主任。房子非常漂亮，三四間明亮寬敞的房子豎立在一片小丘山青紫的岩石上。房子的周圍是一個秀麗的大花園，有堆積迂迴的精巧的假山，有雅致的亭台曲徑。

五月的一天下午，燕卜蓀邀請聯大外文系喜愛詩歌的學生來這裏做客。室內的陳設和裝飾是法蘭西的風味，洞開的明窗上低垂著

草綠色的紗簾子；靠右手，擺著一架大鋼琴，琴上面的白牆掛了一張十九世紀法蘭西一代風流美人瑞嘉米葉夫人的半身畫像。在趙瑞蕻的記憶中：「裏面各有一個書架子，堆了許多法文書籍。壁爐靜靜地埋伏著，像歎息自己過時的命運；有一隻肥大的暹羅貓捲臥在壁爐底下，做著異國的清夢。」

那天，燕卜蓀非常高興，為趙瑞蕻等學生準備了不少茶點，紅茶，香煙和兩瓶雲南土產雜果酒。師生一起，喝茶，吃東西。燕卜蓀講了不少西洋文藝與哲學的故事，他對於西洋文藝的掌故以及每個作家的生平和逸事都爛熟於心。燕卜蓀告訴趙瑞蕻，他喜歡讀約翰‧鄧恩（John Donne）、布萊克（William Blake）和勃朗寧（Robert）等家的詩。法文詩中，他最推崇的是波特萊爾（Charles Baudelaire）。他能夠背誦出《惡之花》集子裏的許多詩篇。燕卜蓀優雅、風趣，談詩歌，論藝術，像一塊磁鐵，深深地吸引了聯大的學生。那天，燕卜蓀為學生即興朗誦了濟慈的名作〈秋頌〉。

馮文潛典賣衣物請客

馮文潛是西南聯大哲學心理系教授，還和陶雲逵一起負責南開大學邊疆人文研究室。陶雲逵主持研究工作，馮文潛負責後勤工作。馮文潛在籌建研究室時用力最著，「他對南開大學有極深厚的感情，事業心非常強烈。他在邊疆人文研究室不擔任職務，而以『為他人作嫁衣裳』的精神，包下了研究室的一切後勤事務。與石佛鐵路籌備委員會打交道的是他，與聯大有關方面打交道的也是他。」除此以外，在研究室成立之初，為開創研究條件，馮文潛不辭勞苦地奔忙，採購筆墨，租借房屋和用具，南開大學邊疆人文研究室終於在西南聯大西門外的新校舍附近「落地生根」。雖然馮文

潛沒有具體參與邊疆人文的研究，卻是邊疆人文研究室的靈魂人物。

1944年1月，陶雲逵因病去世後，馮文潛便成了研究室同人的主心骨。此後的三年間，馮文潛依然默默地為邢、高、黎等人做著「幕後」工作，雖然困難不斷、壓力不減，但是用馮自己的話講，「有一個知心的慶蘭（即邢公畹），有一個可愛的（黎）國彬，什麼都擔得起，擔子根本就不是個擔子了」。

馮文潛提到的邢公畹，1942年8月到南開大學邊疆人文研究室工作。作為陶雲逵的同事和學生，邢公畹、黎國彬、高華年等人的調查足跡也遍及雲南的山山水水，而且他們大都單槍匹馬地從事工作。邢公畹把自己調查經歷作為素材，寫成極為吸引人的紀實體小說，行文看不到刻意雕琢之筆，而筆尖流淌出的卻是他對西南各族人民的深切同情。我們不妨瞭解一下，邊疆人文研究室的學者是在什麼樣的生活狀態下工作。邢公畹和妻子一連好幾天吃不上菜。有一次，邢公畹手捧一塊豆腐回家，讓妻子喜出望外。

據邢寧〈舊歷親聞——南開邊疆人文研究室邢公畹先生在昆明〉一文，國民黨中央政府在昆明舉辦「盟國譯員訓練班」，以培訓翻譯人員。訓練班的主管找到馮文潛，動員他去教德文，據說報酬不菲，還是美金。「可是先生卻淡淡地說：君子安貧，不想拿美金。」馮文潛一家五口，要靠他的工資生活，非常困難，在這種艱難的情況下，他經常請客——請邊疆人文研究室的同仁打牙祭。馮文潛經常借演講問題為名，將大家召集到文林街的住所裏，由馮夫人親手烹製醬牛舌、燒牛尾等，讓邊疆人文研究室的年輕學者飽餐一頓。錢是馮文潛夫人教家館、作刺繡甚至典衣賣物來貼補、拼湊。

潘光旦吃鼠肉真相

易社強在《西南聯大：戰爭與革命中的中國大學》一書中寫道潘光旦烹煮老鼠肉以饗賓客，這位美國漢學家在採訪中獲得的資料，可能被被訪者添油加醋，演繹為故事：

> 潘光旦從來不會因為創造性的解決方法而不知所措。老鼠吃人們做的任何東西，而安然無恙，還有，當地的老鼠又肥又大，於是他開始張夾設籠捕捉，把它們吃掉，還把它們的皮像戰利品一樣掛在房間裏。潘家的日常飲食一旦眾所周知以後，被他邀請去吃飯的朋友都不免戰戰兢兢。

這樣的描述與史實相差甚遠，由於潘光旦鼠肉宴客的逸事被傳得離譜。潘光旦先生的女公子潘乃穆撰文〈關於潘光旦吃鼠肉的故事〉披露事情真相。

1939年，潘光旦家住在昆明青蓮街學士巷1號（翠湖東邊，俗稱逼死坡之下）。從外地遷居昆明的人都感到當地的老鼠特別多，特別大。有的人家養貓，有的人家則設老鼠夾子捕鼠。

潘乃穆文章寫道：「一天我家的老鼠夾子夾到一隻比較大的老鼠。我父親生性不拘泥於常規，遇有機會，對新鮮事物有興趣去嘗試或探討，在食物方面也是一樣。這次他決定嘗試一下吃鼠肉。」

聽到潘家要吃捕捉到的這只老鼠，同院住的沈履、莊前鼎、趙世昌（均清華大學教職員）三家鄰居反應都不積極，其中以莊前鼎教授夫人周擷清負面反應最強烈。她聽說後驚呼起來，表示她絕對不要嚐一口，逃回自己家去。

潘光旦平時教育子女，吃飯不要挑剔，在飯桌上什麼都得吃。孩子們對吃老鼠肉沒有什麼意見。潘乃穆文章說：「我的老保姆溫閏珍平日煮飯燒菜，這次也毫無怨言。她處理了這隻鼠，剝皮去內臟，收拾得很乾淨，切塊紅燒。我們全家人分而食之。我感覺和吃雞肉、兔肉差不多，並無異味。吃過之後也沒人因此害病。」

潘家只吃了這一次鼠肉，但傳聞非常多。有一個版本這樣描述：

> 1939年，潘光旦為了證實老鼠肉究竟是不能吃還是人們不願意吃，說服家人做個試驗。昆明的老鼠又肥又大，一次他捕殺了十幾隻，將肉洗淨，用香油辣椒拌抄，請來客人共餐，先不說明，等客人吃了以後讚美時才揭秘。這件事經媒體曝光，一時震動了整個昆明。後來聽說有位教授夫人因其吃了潘家老鼠肉，威脅要和他離婚，不知確否。

馮友蘭先生在《三松堂自序》中也提及這件事：「還有潘光旦吃耗子肉的事，也盛傳一時。他的兄弟是個銀行家，在重慶，聽說他吃耗子肉，趕緊匯了一點錢來，叫他買豬肉吃。其實潘光旦並不是為了嘴饞，而是為了好奇。」看來還是馮友蘭瞭解潘光旦。

潘乃穆也在文章中闢謠：「至於有人說什麼捕得碩鼠十多隻、邀來研究心理學的同事和學生數人分享，為了學術研究、夫人勉為其難等等情節，就全屬於傳聞，失實了。」

潘光旦太太請客

上世紀三十年代，清華大學圖書館「活字典」唐貫方，曾負責搬運清華大學珍貴古籍南遷。在昆明時，他們一家疏散到離城二十里外的昆明西北郊的梨煙村（梨園村）。梨煙村的東北方約四五里，

049

是大普吉，兩地相隔著大片農田。那裏新蓋有一院住房，是清華理科各研究所的所在地。附近還有個小普吉，因此合稱為普吉。和大普吉隔街斜對過的是陳家營，是另一個清華家屬疏散地。在陳家營，散居有黃子卿、聞一多、余冠英、華羅庚等教授家，可能還有其他一些人家。潘光旦一家疏散到大河埂。

唐貫方經潘光旦先生介紹，在昆明圖書館兼了一份差，每月可以得到幾斗米，生活條件有了改善。在唐貫方之子唐紹明的記憶中，清華大學的家屬非常團結，誰家有好吃的，送給同事分享，在炮火紛飛的年代，這樣的場面非常溫馨：「母親常拿米磨成米麵，做廣東糕點送人，其中最受歡迎的是『蘿蔔糕』，聞起來怪怪的，吃起來很香。潘光旦太太對人和善，樣樣為人設想，常從大河埂到梨煙村來串門，每次都帶來一些江南小吃。任之恭太太和我母親也常來往。1945年我們家先搬回城，任太太特地送來一籠屜熱氣騰騰的包子，為我們送行。」

1940年，潘光旦等人在昆明西郊大河埂住宅內。後排右起趙世昌、潘光旦、趙瑞雲、劉文英。

潘光旦的太太趙瑞雲請清華大學家屬和孩子們聚會，給唐紹明留下了深刻的印象：

> 難忘一次大河埂聚會。主人是潘光旦太太，專門邀請李家院子全體家屬，包括大人和孩子，去她家做客。那是一個獨院，位於大河埂十字路口的西北角，坐北朝南，院子北邊是一座二層木樓，他們住在樓上，前面是院子。這一天，原本不大的院子擠滿了人，小孩子更是鬧成一團。潘太太準備了各種菜肴，大家自己動手做著吃。我還是頭一次看到麵筋是怎樣從麵粉中做出來的，感到新鮮和好奇。潘太太還事先向門前田主買下田裏一茬蠶豆，這時發給每個小孩一個籃筐，領著大家到田裏摘蠶豆。我們專撿嫩的摘，不管是生吃還是做菜，都特別香。（唐紹明〈我心中的「金三角」——抗戰時期疏散生活瑣記〉）

隨著時光流失，這段記憶卻愈加清晰。唐紹明晚年回首昆明艱難歲月，感慨萬千：這種抗戰「牙祭」，既飽了大家的口福，還增進了彼此的友誼。這是同甘苦、共患難的友誼，是平等的真情，是戰時艱苦環境的產物，這無論在戰前或戰後都是不多見的。

教授種菜

陳達（字通父）教授及其同仁在昆明從事過中國較早、規模較大的人口學調查研究。1938年秋，清華大學成立、金屬、無線電、航空、農業和國情普查五個特種研究所。國情普查研究所旨在「收集關於本國人口、農業、工商業及天然富源等各種基本事實，並研究相關問題，以期對於國情有適當的認識，並就研究結果貢獻於

社會」。陳達參與了該所的籌畫並受聘為研究所所長。據陳達的記載，該所原址設在昆明青雲街169號，「臨翠湖，頗幽靜」。學校和研究所重視人口研究。在經費極其困難的情況下，學校每年撥款四萬元支持研究。國情普查研究所的一項研究課題選擇呈貢縣進行開展，得到當地的支持。於是，該所為了避免日寇飛機轟炸，遷到呈貢文廟，陳達教授一家也隨之疏散到呈貢。

戰時生活困難，陳達教授為養家糊口，率領妻兒，荷鋤戴月種植蔬菜。他在回憶錄《浪跡十年》中寫道：

今年余家在文廟後開闢菜地八塊，崇聖祠前兩塊，每塊不過寬一丈，長一丈六尺。略述如下（一）廚房後種白薯和刀豆，刀豆由余和旭清（按：陳達之子）下籽，成績不佳，白薯尚好，諒可收七成。（二）西門內種刀豆及荷包豆，荷包豆種籽由李悅立縣長送來，共四十粒，出苗者五粒，目下開花即已結實者僅二棵。（三）西門內往東，種刀豆、包穀、洋芋，成績不如去年。（四）李福昌舊種煙草地，今年余改種蘿蔔、茄子、辣子。茄子恐不能結實，辣子不到三成，蘿蔔僅出十五棵。（五）往東，種刀豆，成績甚佳。（六）往北，種黃豆，被馬吃過兩次，今雖又長，但恐收成不佳。（七）北牆邊，每年余種番茄……今年由莫剛老師增秧五十，種後先由松鼠偷食其莖，結實後松鼠又食其果……（八）屋東，種番茄及南瓜，番茄今年有黑病……南瓜為毛蟲所食……（九）屋南即崇聖祠前，種番茄及冬莧菜……幾乎全軍覆沒。（十）屋東南，雨季中，函高逸鴻兄買冬莧菜籽，寄到後即在此下籽，無出者……（《浪跡十年·種菜的經驗》）

陳達教授種的蔬菜，不是不出，就是被動物偷吃。教授為了生計種菜，收成不好。食物匱乏，現在的年輕人很難想像。

種菜種糧，自力更生，不僅陳達教授一家。還有更專業的。

從1941年開始，美國陳納德將軍率領的「飛虎隊」在中國的上空作戰數百次，成為令日軍膽寒的「空中猛虎」。1943年的秋天，昆明的空襲威脅解除了。此後，聯大教師陸續搬回到城裏居住，但是中國戰場的情況並不讓人樂觀。1944年，中國軍隊在戰場上一潰千里，大批外來人口又一次湧入昆明，人口的激增導致了昆明城物價的再次飛漲。

即便是住在唐家花園的終生未娶的單身教授（陳岱孫、金岳霖）和未帶家眷的單身教授（陳福田、朱自清），也為生計發愁。由於物價上漲，買菜的錢也不夠了。於是，他們在唐家花園廢棄的苗圃開闢菜園子。陳福田寫信給檀香山的美國親屬，從美國郵寄來菜籽。大家推舉李繼侗作為負責人和指導，種菜自給。植物學家李繼侗當種菜組組長，這是最佳選擇，生物系有個講師沈同當「種菜助理」。所有的教授就出力，澆水，施肥。昆明的天氣非常溫和，一種，菜長勢喜人。菜豐收了，自己動手，大夥開夥做菜，吃起來格外香。

除去唐家菜園，那時，聯大的許多人家都有一個這樣的小小菜園，用來解決部分的食物。而化學系的高崇熙教授善種花，就種植了一大片唐菖蒲（劍蘭）來賣。

誰動了教授的米麵

1938年春，經過一個多月的顛簸，周培源一家終於抵達昆明。周家從郊外租借了被稱作「馬家花園」的住宅。房東是一位馬姓團

長，西式宅院，堪稱豪華。宅院寬大，一家住宿頗為闊綽。於是，周培源夫婦，便邀請新婚不久的任之恭、陶葆楷夫婦入住。

這裏一提任之恭、陶葆楷的特殊婚禮，七七事變之後，北平籠罩在緊張的氣氛中，他們於7月28日在北平結婚，馮友蘭為其主婚。就在這一天，宋哲元的軍隊撤退，北平失守。當天晚上，城門關閉了，他們在清華預備的新房也沒有用，北平就淪陷了。喜慶與驚恐相伴隨。這個特殊的婚禮給宗璞留下了深刻的記憶，她將這個情節寫入她的小說〈南渡記〉。

周、任兩人均是清華學校赴美留學返校任教的物理學家，他們經歷相似，志趣相投，患難之際，共處一院，相濡以沫，其樂融融。後來，任之恭在回憶這段生活時，苦難裏不無歡悅：

> 房子的生活設施極好。不僅如此，周是一個南方人（即來自中國的南部），而我的妻子碰巧也是南方人。結果，兩個南方人非常能幹而且勤勞，而北方人（我和周的妻子）只能坐享我們的兩位「吃苦耐勞」者提供的安逸。後來我們甚至有了一個很不錯的廚子。他烹飪的豬肉我們非常喜歡吃。他烹飪的方法是在地上挖個坑，在坑的兩頭支上木棍，架住乳豬，用一種原始但有效的旋轉方法來燒烤。我們享受著他做的美餐，但到後來我發現他「欺騙」我們的技巧不亞於他的烹飪天才，讓他買米，他把其他東西墊在米桶底部，上面再放上米。看起來好像很滿，從而將其餘的錢侵吞。後來我們把他解雇了。（任之恭《一位華裔物理學家的回憶錄》，山西高校聯合出版社1992版）

任之恭還遇到一次比失竊更糟糕的經歷，從昆明回大普吉的路上被人搶劫。

那時，清華特種研究所的教授，同時也是西南聯大的教授，他們兼顧著科研和教學的重任，經常在大普吉和城邊學校之間的道路上奔波。雖然有公路，但他們無車可乘或無錢坐車，進城上課主要靠走路，要從大普吉步行到黃土坡才能搭上馬車，當時有自行車的是極少數人。治安很差，回來晚了有危險。

　　1943年某日，任之恭下課後，天已經很黑了，在路上不幸遇到了兩個散兵，他們不僅搶走了任之恭的自行車和為家中買的一袋面以及其他水果、蔬菜等所有物品，還把任之恭捆綁起來後逃走，任之恭的雙手仍被綁在背後，只好慢慢地走回家。

游國恩：「米讓挑夫挑走了。」

　　1942年暑假，游國恩先生（澤永）應好友羅常培先生邀請，到昆明任西南聯大兼北京大學中文系執教。游國恩是《楚辭》研究專家，1926年就出版研究專著《楚辭概論》。游國恩在西南聯大任教時，主要講授《中國文學史》。

　　由於當時日本飛機經常來犯，聯大教師多住在鄉下。游國恩住在離城二十華里的龍頭村。鄉間住宅條件差，有時甚至漏雨，曾多次搬家。直至1945年7月才搬進城去住。

　　住在鄉間時，游國恩進城上課都須步行（後期有一半路可乘馬車），他的課都集中在一兩天內上完，授課期間在城裏學校的教師宿舍住一兩天。由於通貨膨脹嚴重，物價飛漲，薪水入不敷出，游先生當時還兼了兩個差，一是在留美預備班講課，一是在雲南大學附中教國文，教學任務極為沉重。不僅如此，向來不過問家務的他還要負責買米和買柴炭。

　　游先生每逢發了薪水，就從城裏買兩袋米，請肩夫挑回鄉間家中。有一次他隨著肩夫走到大西門，肩夫竟故意在亂哄哄的人群

吳大猷。

中快步行走，走得不知去向。游先生丟了米，就買了兩根甘蔗扛回家。夫人問他：「米在哪裡」？游先生笑著說：「讓挑夫挑走了。」但他隨即又說：「他比我更需要。」關於這段艱苦的生活，游先生曾寫過一首題為〈昆明大西門外口號〉的詩，可作為當時情況的寫照：「先生墨者儒，一生得枯槁。棲棲牛馬走，仆仆沮洳道。持此衰病軀，犯死換溫飽。搖搖戰風霜，城上有勁草。」（遊寶瓊〈游國恩先生在西南聯大〉）

吳大猷夫婦相濡以沫

　　吳大猷先生早年留學美國密歇根大學，他的博士論文《多原子分子的振動光譜結構》，對現代物理的影響十分重要，東、西方的許多物理學家們在走上諾貝爾物理學領獎臺的時候，都會不約而同地想到這位從未去過斯德哥爾摩的東方物理大師。

　　吳大猷的妻子患有嚴重的肺病，在美國留學的時候，吳大猷聽說喝牛肉湯能夠治這種病，便每天到菜市場買牛肉來熬湯，送到女

生宿舍給他的未婚妻當藥喝。吳大猷的執著，打動了那位病中少女的芳心，回國以後，兩人馬上結為終生伴侶。

然而，到了昆明以後，教授們的生活越來越拮据，吳大猷的薪水，再也買不起一碗牛肉湯了。為了病妻的身體早日康復，有時吳大猷不得不喬裝成貧民，到菜市場上去撿剩下的牛骨頭回家給妻子熬湯，當地的回民們得知吳大猷撿剩牛骨頭是為了給妻子治病，都很感動，常常把一些剩牛骨頭專門為他留著。然而，當地的回民們哪會知道，這位常常來撿牛骨頭的廣東青年，當時已經是一個半隻腳踩在諾貝爾物理學獎門檻上的大科學家了。

有一次，日軍飛機轟炸昆明，把吳大猷夫婦賴以棲身的小茅屋震倒了大半邊，土牆倒下來，壓碎了吳大猷夫婦裝糧食用的瓦缸，瓦缸裏的半缸麵粉和泥土、碎瓦塊混在一起，吳大猷夫婦再沒有一分閒錢去買米買糧，他的病妻只好把碎缸裏的麵粉捧起來，用洗麵筋的辦法，把泥沙和澱粉洗掉，把洗剩的麵筋留下來，作後半個月的口糧。

英國友人李約瑟先生曾這樣評論當時這些中國教授：「他們中間的許多人，常常聞名於歐美而不得一飽。」

姜立夫、葉楷碾米

1937年，日軍侵華，國土淪陷，舉國上下，內憂外困、風雨飄搖，國民政府為了避免戰火，決定將北方大學各大學南遷。

1937年，姜立夫因為夫人胡芷華（胡敦復、胡明復、胡剛復的小妹）分娩期近，沒有隨同南開師生離開，暫時停留在天津等待夫人生產，9月份，兒子出生，半百得子，讓姜立夫非常高興，給他取名「伯駒」（姜伯駒後師從江澤涵，成為拓撲學專家，中國科學院學部委員，譽滿中西）。1938年8月，北方局勢惡化，姜立夫帶著全家遷到

上海，11月，姜立夫的第二個兒子出生，取名「仲駱」。當時，北大、清華、南開三校已經在昆明組建成為西南聯合大學，要求姜立夫回校。

姜立夫牽掛著內陸的廣大師生，把妻子和尚在襁褓中的兩個兒子留在上海，自己義無反顧地獨身前往聯大。此一別，八年不能相見，直到抗戰勝利後，姜立夫一家在上海團聚。

姜立夫隻身一人在昆明，幸好有侄女姜淑雁、侄女女婿葉楷一家相伴，生活上相互照顧。葉楷1933年留學美國，1936年獲哈佛大學博士學位。曾任北洋大學、清華大學教授。抗戰時任清華大學無線電研究所教授、西南聯大電機系教授、系主任。1943年，西南聯大數學系缺數學教師，姜淑雁到數學系任教。抗戰期間，姜立夫夫人胡芷華則在上海大同大學任教。

在昆明，姜立夫任西南聯大算學系教授，除了教學工作，他主要從事兩項重要的活動。

一是成立「新中國數學會」。這個學會是因抗日戰爭時期，交通不便，中國內地的數學家們鑒於當時西南的科學空氣相當濃厚，

姜立夫（右二）、陳省身（右一）等人合影，1936年攝於德國漢堡車站。

原在上海成立的「中國數學會」與西南各省無法聯絡而成立的。成立會1940年在西南聯大召開,選舉姜立夫為會長,理事有熊慶來、陳建功、蘇步青、孫光遠、楊武之、江澤涵、華羅庚、陳省身等人,陳省身任文書,華羅庚任會計。

二是受命擔任中央研究院數學研究所籌備處主任,在陳省身的協助下開始籌建工作。中央研究院成立於1928年,因國內現代數學研究基礎薄弱,當時未能成立數學研究所。後來在姜立夫、熊慶來等人的努力下,漸成氣候,條件成熟。1940年底,中央研究院擬增設數學研究所,聘姜立夫為籌備處主任。當時他患病已久,在1940年12月25日致傅斯年的信中,他寫道:「十二指腸內有瘡,年來時發時愈,醫生諄囑節食靜養,教課之外,不許旁騖。」但是,為了現代數學在中國的發展,他毅然受此重任。1941年3月,經中央研究院評議會通過,數學研究所籌備處在昆明成立,姜立夫傾注了大量的心血,他對數學所研究人員的延聘、研究工作的開展、圖書資料的積累、經費的籌措、機構的建設乃至所址的選取等問題進行了周密的思考與論證,並馬上以極大的精力著手克服面臨的困難。陳省身先生在〈立夫師在昆明〉一文中指出:「立夫師任籌備處主任。他洞鑒了當時中國數學界的情形,只求切實工作,未嘗躁進,樹立了模範。」

當時聯大教授承擔著繁重的教學和科研任務,而生活沒有保障,大學者也要為吃穿勞神費心。

姜淑雁在〈懷念慈愛的叔父姜立夫教授〉文中寫道姜立夫、葉楷領「公米」和碾米的故事。因為物價飛漲,為維持最低限度的生活,政府發給聯大的教授一種價格低平的所謂「公米」票,憑票可領取一種極粗的糙米。可是,管這種「公米」的人,也往往憑藉這點小小的權力刁難人,給領米的人不必要的難處,等到花費許多時間氣力把米領到手,因為米質粗糙,難以下嚥。姜立夫先生患

胃潰瘍、十二指腸出血症，更不宜食用糙米。於是，必須將糙米送往碾米廠加工，從米倉到碾米廠，還有一段路程，所以不能肩負，就得雇馬車。這已夠難的了，尤甚的，還有碾米的人，總是排著長長的隊，一個接一個地把米袋提上碾機，機器刷刷地開動，你就得張開口袋，等著碾過的米從斗中傾入。就這樣一份工作，必須眼疾手快。姜立夫和葉楷都不是這方面的「能手」，經常把米撒了一地，等不到拾捧，後面等著的人們就上來了，撒落的米就只好白白地丟掉。為了每月能領到這點「公米」，不得不花費一整天的時間，花費許多精力，可是，等把米弄回家，往往只有半袋。

朱德熙初品乾巴菌

乾巴菌，是昆明的土特產，是昆明人待客的上等佳餚。它生長在陰暗潮濕的松樹松毛多的地方。乾巴菌不同於一般菌子是圓扁的，而是一坨一坨的，那模樣像腐朽的棺材板，也可以說是一坨乾了的牛糞，一句話，樣子不好看。筆者覺得用牛糞來形容乾巴菌，有點唐突這人間美味，可是看到乾巴菌的照片，肖其形，像極了。

圖上：晚年朱德熙。
圖下：朱德熙與何孔敬結婚照。

汪曾祺是怎樣描述乾巴菌呢？「有一種菌子，中吃不中看，叫做乾巴菌。乍一看那樣子，真叫人懷疑：這種東西也能吃？！顏色深褐帶綠，有點像一堆半乾的牛糞或一個被踩破了的馬蜂窩。裏頭還有許多草莖、松毛、亂七八糟！可是下點功夫，把草莖松毛擇淨，撕成蟹腿肉粗細的絲，和青辣椒同炒，入口便會使你張目結舌：這東西這麼好吃？！」

朱德熙在西南聯大求學時，一次，聽到唐蘭先生講的古文字學，產生濃厚的興趣，從物理系二年級轉到中文系，師從唐蘭先生專攻古文字學和甲骨學。朱德熙和汪曾祺就是在這個時期，結下了深厚的友誼。兩人一生的友情，可謂君子之交淡如水，而他們的友情也洋溢著乾巴菌的清香滋味兒。

在朱德熙的夫人何孔敬的回憶錄中，我們可以多次看到關於昆明乾巴菌的記憶片段。朱德熙的老師唐蘭先生是美食家，在西南聯大的老師中，恐怕只有唐先生家知道如何揀除乾巴菌的松毛，松毛揀不乾淨，吃到口裏如同針紮。朱德熙第一次吃乾巴菌，就是在唐蘭先生家吃到了用乾巴菌做的打鹵麵，味道非常鮮美。

一天，朱德熙到唐先生家裏去。見到唐先生和師母在屋簷下聚精會神地挑揀乾巴菌中夾雜的一根根爛了的松毛。唐蘭先生看到朱德熙來了，故意問他見過這東西沒有。朱德熙還以為是什麼新發現的古物，看著朱德熙大惑不解的模樣，唐先生很得意地哈哈大笑：「我估計你也不會知道，這就是昆明野生菌子乾巴菌，樣子很不好看，吃起來非常好吃。」唐先生留下朱德熙吃師母做的麵。朱德熙吃過，大飽口福，意猶未盡地當時的未婚妻何孔敬說：「奇怪，唐師母做的打鹵麵真鮮，好吃極了。」

朱德熙難忘乾巴菌的美味，結婚前對何孔敬說：「看樣子真可怕，想不到吃到口裏有股子清香味，味很鮮，很好吃。孔敬，等我

們結了婚，把汪曾祺、施松卿叫來，妳給我們做回乾巴菌吃，好不好。」

結婚後，何孔敬真的給戀愛中的汪曾祺、施松卿做了肉絲炒乾巴菌，以饗好友。汪曾祺吃了讚不絕口。認為乾巴菌是菌子中味道最深刻的。他曾寫下過這樣的順口溜：「（前兩句記不清了）人間至味乾巴菌，世上饞人大學生。」

何孔敬在她的晚年回憶錄中特意詳細說明了乾巴菌菜譜。乾巴菌裏不但藏有松毛，且有紅泥沙土。先把乾巴菌裏的爛松毛一根一根地剔除出來，然後撕成一絲一絲的。在汪曾祺的印象中，只是螃蟹小腿肉粗細的絲絲。撕成小絲，放在清水中浸泡，泡到沒有紅泥沙土為止。「配料肥瘦肉絲各半，紅綠辣椒絲少許，豬油、素油皆可。先把油燴熱了炒肉絲，放少許好醬油，炒到光了油，再放上乾巴菌、辣椒絲，一同炒一炒，就好起鍋上盤了。」

汪曾祺這樣的美食家回憶初次品嚐乾巴菌時：「入口細嚼，半天說不出話來。」這話真妙，可以想見乾巴菌之美。汪曾祺還說：「乾巴菌是菌子，但有陳年宣威火腿香味、寧波油

汪曾祺。

浸糟白魚香味、蘇州風雞香味、南京鴨胗肝香味，且雜有松毛清香氣味。乾巴菌晾乾，加辣椒同醃，可以久藏，味與鮮時無異。」

上世紀80年代，汪曾祺昆明出差歸來，帶回北京一大包乾巴菌，從機場送到朱德熙家。朱德熙正在北大上課，何孔敬接過這包菌子，由衷地說道：「千里迢迢，大老遠地給德熙送來乾巴菌，多不好意思。」汪曾祺說：「我和德熙沒有什麼不好意思。」

如果說西南聯大那一代人的友情清淡時如水，濃烈時如酒，那乾巴菌中的味道中隱藏著多少「沒有什麼不好意思」，又蘊藏著多少代表著情誼的「意思」。那一代人的青春歲月留在了昆明，乾巴菌成為了他們戰時清貧生活最好的犒賞，成為風雲激蕩之中美好生活瞬間的一個符號標誌，乾巴菌上，留存西南聯大學人的逝水年華和青春印記。

汪曾祺與雲南的菌子

馮至在聯大任教時，有一段時間疏散到昆明楊家山林場，他以優美的文筆，在一篇題為〈一個消逝的山村〉的散文中，寫採菌子：

> 雨季是山上最熱鬧的時代，天天早晨我們都醒在一片山歌裏。那是些從五六里外趁早上山採菌子的人。下了一夜的雨，第二天太陽出來一蒸發，草間的菌子，俯拾皆是：有的紅如胭脂，青如青苔，褐如牛肝，白如蛋白，還有一種赭色的，放在水裏即變成藍的顏色。我們望著對面的山上，人人踏著潮濕，在草叢裏，樹根處，低頭尋找新鮮的菌子。

汪曾祺也在文章中多次寫雲南的菌子。「雨季一到，諸菌皆出，空氣裏一片菌子氣味。無論貧富，都能吃到菌子。」野生菌可以說是上帝賜予的人間美食，聯大師生對各種各樣的菌子感情很深，面對擺上餐桌的大自然的饋贈，心生感激之情。汪曾祺的文章中印象很深的三種菌子是牛肝菌、青頭菌、雞樅。

先來看牛肝菌，色如牛肝，生時熟後都像牛肝，有小毒，不可多吃，且須加大量的蒜，否則會昏倒。這種菌子是聯大食堂裏的一道菜。有個女同學吃多了牛肝菌，竟至休克，可能是大蒜放少了。在汪曾祺的印象中，牛肝菌滑，嫩，鮮，香，很好吃。菌香、蒜香撲鼻，直入肺腑。

牛肝菌價極廉，而青頭菌比牛肝菌略貴。青頭菌菌蓋正面微帶蒼綠色，菌折雪白，燴或炒，宜放鹽，用醬油就不好看了。這種菌子炒熟了也還是淺綠色的，格調比牛肝菌高。

今人普顯宏在〈人間至味野生菌〉（《食品與生活》2007年第5期）文中這樣描述青頭菌：「青頭菌也長得漂亮，美麗的綠斑如一幅染出來的水彩畫，淺一塊深一塊很詩意地印在凹凸有致的菌蓋上，活像一位頭戴瓦帕的彝族婦女。想不到野生菌也有綠色的！我每次見到這種帶點綠色的青頭菌，就會想到那墨綠可愛的新鮮蔬菜，就有了想吃這種菌子的慾望。」

雞樅，野生菌中名貴者。菌蓋小，菌把粗長，吃這種菌主要就是吃形似雞大腿的菌把。在汪曾祺看來，雞樅當為菌中之王，其味正似一年的肥母雞，還有過之，因雞肉粗而菌肉細膩，且雞肉絕無菌子的特殊香氣。

普顯宏在〈人間至味野生菌〉一文中詳細描述了雞樅的做法：「放點臘肉或火腿肉片炒一下，放水煮出來，那湯汁白白的，濃濃的，味道與雞湯一模一樣，又鮮又甜。就算不放火腿肉，雞樅炒出

來照樣像雞肉一樣鮮美可口。更高級的吃法是油炸雞樅，吃起來香味撲鼻。炸時放點花椒，把雞樅用油炸到七八成乾後浸泡在香油中，可貯藏一年不壞。這種油雞樅我們只捨得用來做佐料，煮麵條、米線時放一點點，早餐就變得十分可口了。但這種山中美味，數量極有限，你就是翻幾座山頭有時也不一定能找到一窩雞樅。」

我們從汪曾祺的文章描述可知，西南聯大在昆明時，這種菌子在雲南並不難得。汪曾祺講了一個笑話：有人從昆明坐火車到呈貢，在車上看到地上有一棵雞樅，他跳下去把雞樅撿了，緊趕兩步，還能爬上火車。這笑話意在說明昆明到呈貢的火車之慢，但也說明雞樅隨處可見。

歲月滄桑，菌味依然。只是，西南聯大那個時期的精神和風流，永遠消逝在歷史水雲間了。時空轉換，當年在西南聯求學的大學生，如今健在的，都已到耄耋之年。他們更加懷念雲南的人間草木。

汪曾祺擅飲酒，微醺時，愛畫幾筆。他西南聯大時期的校友巫寧坤寫信向他要畫，「要有昆明的特點」。汪曾祺想了一些時候，畫了一幅：右上角畫了一片倒掛著的濃綠的仙人掌，末端開出一朵金黃色的花；左下畫了幾朵青頭菌和牛肝菌。題跋曰：「昆明人家常於門頭掛仙人掌一片以辟邪，仙人掌懸空倒掛，尚能存活開花。於此可見仙人掌生命之頑強，亦可見昆明雨季空氣之濕潤。雨季則有青頭菌、牛肝菌，味極鮮腴。」

菌中歲月，紙上滋味，味中風雲。筆者為寫這篇小文，多次查閱汪曾祺的著作，每次沉浸其中掩卷之時，恍惚之間，想到這樣一位極品的老頭兒，已經仙逝十餘年，思之悵然。

費孝通品烤茶

　　1943年1月，駐大理的國民政府第
十一集團軍司令宋希濂因辦滇西戰時幹部
團的需要，請西南聯大、雲南大學9位學
者前往講學。這些學者是：羅常培、潘光
旦、曾昭掄、費孝通、燕樹棠、蔡維藩、
張印堂、陶雲逵、張文淵。另有《旅行》
雜誌主筆孫福熙，還有清華大學近期畢業
生王俊陶。28日，一行抵達大理，30日至
2月4日講學。講課畢，因慕東南亞佛教聖
地雞足山之名，前往雞足山。

　　這些教師中的費、羅、潘、曾、孫5
人，由宋希濂陪同，於2月5日從大理東
門出發，當晚睡在洱海邊的船上。從費孝
通的〈雞足朝山記〉第二節「洱海船底的
黃昏」中，可知當時的情形。「風聲，
水聲，櫓聲，船聲，加上船家互相呼應的
俚語聲，儼然是一曲自然的詩歌。這曲
詩歌非但是自然，毫不做作，而且是活動
的。船身和坐客就在節奏裏一動一擺，一
俯一仰，順著這調子，夠人沉醉。」潘光
旦和費孝通坐在船上，兩人閉眼靜坐，享
受這半個黃昏。但兩人相對默然又不免煞
風景。是煙和茶打破兩人的沈默。費孝通
寫道：「潘公常備著土質無牌的煙絲，我

晚年費孝通。

也私自藏著幾支香煙，可以對噴。」兩人對著一船風聲吞雲吐霧，為增加興致，問船家要茶。船家低了頭，手裏拿著一個小土罐在炭上烤。烤什麼呀，為何不去拿茶壺？費孝通感到納悶，又有點不耐煩。可是，不久，頓覺茶香彌漫，滿船春色。潘光旦很得意地靠著船板，笑眯眯地用雲南話說：「你家格是在烤茶乃？」

何為烤茶？費孝通以簡潔而不失雅致之筆墨娓娓道來：

> 大理之南，順寧之北，出一種茶葉，看上去很粗，色澤灰暗，香味也淡，決不像是上品。可是裝在小土罐裏，火上一烤，過了一會，香味就縈繞。香味一來，就得立刻用沸水注入。小土罐本來已經烤得很熱，沸水沖入，頓時氣泡盈罐，稍等片刻，即可餉客。因為土罐量小，若是有兩三個人，每人至多不過分得半小杯。味濃，略帶一些焦氣，沒有咖啡那樣烈，沒有可可那樣膩。烤茶清而醇，苦而沁，它的味在舌尖上，不在舌根頭，更不在胃裏，宜於品，不宜於飲；是用來止渴，不是用來增加身體水分的。

費孝通在雲南呈貢有名的魁閣讀書時以好茶名於朋儕間，品了烤茶之後，「才恍然自悟三十年來並未識茶味」；而潘光旦嚐了以後說「庶幾近之」，意思是他還領教過更好的。費孝通對洱海船頭的烤茶很滿意，併發感慨：「可惜的是西洋人學會了喝茶，偏偏要加白糖。近來同胞中也有非糖不成茶的，那才是玷污了東方文化。」是呀，茶，原本極接近天然的滋味，得天地精華之原味，茶生在中國，自然是和中國的琴棋書畫連在一起的，是經過儒釋道之水浸泡過的，這滋味西方人難得其妙處。

汪曾祺對雲南的飲食描寫細膩，美食之中有悠長的文化韻味。查其〈尋常茶話〉一文，有對烤茶的描繪，但語焉不詳。「我在昆

明喝過大烤茶。把茶葉放在粗陶的烤茶罐裏，放在炭火上烤得半焦，傾入滾水，茶香撲人。」上世紀80年代，汪曾祺在大理的街頭看到有烤茶罐賣，猶豫了一下，沒有買。若買了，放在煤氣灶上烤，感覺彆扭，也不會有那樣的味道。

飲烤茶，講究的是情境和氛圍，要麼像潘光旦和費孝通兩位先生，在風聲水起的船頭，聽欸乃聲聲，看暮色四合，蒼山洱海漸漸被水汽和霧靄氤氳。要麼像汪曾祺和知己二三子，在昆明淅淅瀝瀝的雨季，泡在茶館，閒敲棋子，或者談一談聯大的文藝演出。此情此景，品烤茶，可暫時從抗戰的硝煙和炮火中解脫出來，浮生偷閒，可抵一枕黃粱美夢。

聯大學者雞足山之遊之後，收穫了三種學人遊記。羅常培的〈雞足巡禮〉、〈記雞山悉檀寺的木氏宦譜〉，收入《蒼洱之間》一書；潘光旦寫的〈蒼洱雞足行程日記〉分兩次刊登在《自由論壇》上；費孝通的〈雞足朝山記〉共7篇，是年5月在《生活導報》連載後受讀者歡迎，即以「生活導報文叢之一」出版單行本，4個月後再版。這書有潘光旦作的序言。

聯大學子的八寶飯

聯大的廚房當年由學生們輪流兼職。上海師範大學退休教授、1939年入學的聯大學生李宗渠對此記憶猶新：「整個女生食堂一頓飯大概開20桌，燒菜只用10兩油（相當於現在的半斤多）。燒飯用的水是井水，米湯酸得跟醋一樣，所以要找食堂很容易，哪裡有股酸味就往哪裡去。」

聯大學生食堂不僅伙食質量極差，而且很長一段時間每天只能吃兩頓飯。很多學生因無錢購買早點，肚子又餓，甚至沒力氣去上頭兩堂課。早上一般是稀飯，晚上才能吃米飯。但因政府供給的

「公米」是劣質米，多年的陳米，非常粗糙，且米飯裏沙石、老鼠屎、糠屑很多，學生們戲稱為「八寶飯」。聯大的學生對此有生動的描述：「八寶者何？曰：穀、糠、秕、稗、石、砂、鼠屎及霉味也。其色紅，其味衝，距膳堂五十步外即可嗅到，對牙和耐心是最大的考驗。謹將享用秘方留下：盛飯半滿，舀湯或水一勺，以筷猛力攪之，使現旋渦狀，八寶中即有七寶沉於碗底，可將米飯純淨度提高到九成左右。」

有人為「八寶飯」編了一首歌：

> 「八寶飯」味道香，
> 八種成份「營養高」
> 沙石稗穀泥殼湯，
> 黃霉素配鼠屎湯，
> 感謝上帝的「恩賜」，
> 我吃「八寶」你喝湯，
> 誰知熬到何年月，
> 八寶也許難吃上，
> 十儒九丐啼饑寒，
> 百代盛世莫悲傷。

一位不願意披露真實姓名的中科院院士C在回憶西南聯大時，當年他寫給在重慶的戀人麗芸的信中，真實地描繪出當時的生活狀況，其中提到八寶飯：

> 剛來的時候，吃的還算好，可現在物價漲起來了，一頓只能喝上幾勺清水白菜湯。還有惱人的「八寶飯」，麗芸你知道什麼是八寶飯嗎？就是砂子、稗子、糠皮、老鼠屎與大米主

食混在一起的一種抗戰時期的特殊食品，奇怪的是吃這種難以下嚥的八寶飯，居然有人把老胃病給吃好了，妳說奇怪不奇怪？也許是我們顛沛流離感動了上帝，耶和華大人要讓我們堅強地活下去，為了這個苦難的民族。

同學們都在發奮學習，準備將來報效國家。麗芸，和南京街頭那些慘遭屠殺的同胞相比，我們能夠逃出來，並且能夠堅強地活下去，一切都應該知足了。八寶飯雖然太難吃，可對於一個頑強的生命來說，那同樣是上帝的賜予，我會堅強地活下去的，不要為我操心。

正是這封信中流露出的堅強、樂觀、感恩之心，促使著聯大學子發憤圖強。八寶飯填不飽青年學子的肚子，卻養育了堅韌忠貞的靈魂，後來新中國的各條戰線上的專家，就是從這裏起步的，大多有過吃八寶飯的經歷。

聯大學者的住所

聯大師生離不開汽油箱

　　戰時物質匱乏，汽油箱大顯身手，其用途被發揮到淋漓盡致的地步。西南聯合大學在艱苦的條件下辦學，學生宿舍中，每人可放一張木板床，並領到原裝兩桶一加侖汽油的木箱四、五個作為書桌、書櫃和座凳。

　　1938年5月30日，胡適的大兒子胡祖望已經轉入西南聯合大學，在給胡適的信中説：「我來到昆明已將一個月了，學校也上了兩個禮拜的課了，學校搬來昆明後，諸事較前振作，功課雖然是在剛開學的幾天，已很顯出忙來了。尤其我們工學院的，今年每星期竟有三十五小時的課。」接下來，在給胡適的信中提到了汽油箱：「我們在學校中住在一個師範學校中，教室是在農業學校，兩下竟距離大約有十五分鐘的路程。這裏還沒有電燈，我們用的是植物油燈，但因為不夠亮的關係，所以在念書時還要用洋蠟。我們用的桌子是用汽油木箱和木板搭成的。櫃子也是汽油箱。註冊組的櫃檯，會計室的櫃子，都是由汽油箱改造的。汽油箱的功用，在聯大正顯出了偉大。」

汽油箱的確在聯大顯示出「偉大」，戰前生活比較優渥的教授，對汽油箱也格外看重，清高的教授在生活中裏離不開汽油箱，而且箱箱計較。

蒲薛鳳在〈蒙自百日〉中寫到汽油箱：「聞昆明工學院每人以洋油木箱九隻作床鋪，蓋既便且廉，向航空學校包購，國幣一角一隻。予遂效法購到三隻。蒙自已漲價，每只索一角五分，疊至床前，聊當小櫃，頂上可置盥洗杯具，內可置些衣襪。」看來，因汽油箱需求量大，成為緊俏商品，漲價也在情理之中了。

《吳宓日記》1939年7月15日記道：「晨，辦雜務。11：00晤葉公超，殊為鬱憤。蓋宓已定遷居昆華師範樓上五室，與超及金岳霖同居。而超必俟彼去後，始許宓遷入。超近年益習於貪鄙好利。超托宓為代搜求汽油箱三十個，以供其家用，而願以上好之鋪板一副贈宓為酬。論價值，遠不相抵。其後超乃以其自有之鋪板床二副均移至其孝園寓宅，不我與。」

吳宓教授的滿腹牢騷，皆因汽油箱而起。要知道，汽油箱是聯大師生的生活必需品，可用汽油箱組合出多種傢俱使用。

用汽油箱還可以分割房間，形成獨立的「自由王國」。西南聯大的總辦公室（半年後遷到才盛巷二號）位於昆明崇仁街四十六號，是一座三層的小樓，清華、北大、南開的辦事處都在這裏。北大辦事處是三層樓上的一間統的三開間的屋子，只南北有牆，東西兩面都是板門，假使門全開了，外面還有廊，欄杆，就很像一個亭子了。在靠西的南北兩角上，各有用木板隔成的一間小房，放下床鋪後，餘下的空間恰好能擺上一張辦公桌、椅和一個衣箱，北大校長蔣夢麟和章廷謙（西南聯大常務委員會秘書，北大辦事處校長秘書，筆名川島，魯迅、周作人的好友）一人一間，章廷謙的那間是在南首，靠樓梯。後來，楊振聲搬進來，在東首靠南的角上，用汽油箱疊起

來，和蔣夢麟的那間並排隔了一間。
三人像下圍棋似的，每人各佔一角。

　　章廷謙的〈在昆明〉文中寫到汽
油箱的價錢和廣泛的用途：「這些汽油
箱，原是校方以每個一角錢的代價向航
空委員會買來的，除公用的外，就轉讓
給同仁。因之不但同仁們的書箱，衣
箱，櫃子……果然都是它，還往往用三
個箱子疊起來當作茶几，橫擺著鋪上一
塊椅墊便當沙發。還可以搭出其他樣式
很大方很雅致的式樣，猶如七巧板，一
拼湊就湊出一個花樣。八年來這些木箱
一直陪伴著我們，在離開昆明之前，我
們也就沒有捨得離開它們。」

　　1940年，趙瑞蕻從西南聯大外語
系畢業，和女友楊苡結婚了。兩人的新
居就在離翠湖不遠的一條叫做玉龍堆的
小巷子裏。兩人用空汽油箱做書架，用
空汽油箱搭成床。在此才安頓了一個多
月，遭到了日寇飛機的空襲。1940年9
月30日，兩人跑警報歸來，一進門，就
被院子裏一片慘像震驚了：圍牆塌了一
面，滿地是折斷的樹枝。「打開門，屋
子裏亂七八糟，貼了白紙帶的窗玻璃全
碎了，兩個暖水瓶滾在書桌邊破了，一
個用汽油空箱堆成的書架翻倒在地上，

圖上：1939年，聯大女生楊苡攝於
　　　西南聯大後門外蓮花池畔。
圖下：1941年春，趙瑞蕻、楊苡夫
　　　婦和大女兒趙苡在昆明。

也用汽油空箱搭成、鋪著新買來的草綠色的大床單的床上滿是塵土……」

汽油箱，空空如也，但盛著聯大師生的生活的艱辛、悲喜與哀懼。汽油箱見證了他們飽滿充實、同仇敵愾的每一個日子。汽油箱伴隨他們讀書、寫作、治學和休憩，珍藏了他們弦歌不絕的昆明歲月。

吳宓、錢穆合租「天南精舍」

1938年，由於昆明的校舍緊張，文、法學院設於蒙自縣城外舊法國領事館、海關、銀行，花木繁盛，綠蔭濃茂，稱為蒙自分校。5月4日分校開學。

在城牆外面，海關區不遠處，有一棟兩層的歐式建築，全部用熟鐵造的陽臺。這棟樓屬於一位猶太希臘商人，他的名字譯成中文叫「歌臚士」。聯大便租用歌臚士洋行作為教師宿舍。聯大的校舍都集中在小城東邊，來往很方便。從女生宿舍穿過東門到歌臚士洋行，步行只需五分鐘，從洋行到海關大樓也是五分鐘。

蒙自人士對聯大前來辦學都很歡迎並熱心幫助，領事館等房舍不夠用，桂林街王姓，把兩進四合院的前院讓給潘光旦等教授住；大井巷杜姓，把小四合院讓給馮友蘭等教授住；早街周姓，讓出三層樓房給女生住，樓高風大，稱它為聽風樓。易社強這樣描述聽風樓的來歷：「一棟巨大的帶有圍牆的公館是屬於周柏齋一家的。周是一位富有的錫商，住在昆明。他同意把公館的一面租給聯大，用作女生宿舍。……擔心著國家和自己的命運，思鄉的女孩聽著呼嘯的風聲直到遠山晨曦初露，就這樣度過一個個不眠之夜。於是，她們管它叫『聽風樓』。」

　　吳宓在蒙自，同南岳時一樣，仍授《西洋文學史》、《歐洲名著選讀》和《西方古代文學》三門課，每週八小時，吳宓和涂君共住教師宿舍347室，從4月下旬至8月9日。這個宿舍是供教授講課休息、備課之用。吳宓有課時，晚間住在347。吳宓和聯大同事還合租一「紅樓」，作為居家之所。

　　七八月之交，正當武漢撤退、政府機關全遷重慶之時，柳州中央航校擬遷蒙自，佔用聯大分校校舍，於是佈置初妥的分校不得不提前考試放假。文學院、法學院男女學生大隊於8月中離蒙自赴昆明參加軍訓；吳宓則偕湯用彤、容肇祖、賀麟、沈有鼎、錢穆、姚從吾諸位先生賃居校外以東的一幢西式樓房，吳宓稱謂「天南精舍」，讀書、遊玩度假，至10月末始離開。

　　從《吳宓日記》中可以看到「天南精舍」的一些情形。「其時在校外之東，法國醫院旁，有西式二層樓房一所，紅頂，黃壁，在一有圍牆的菜園中。並多花木，繽紛斑斕，景色甚美。此房俗稱紅樓，原係法國人造。今歸李氏經管並享有。李氏兄弟，為蒙自大族。」吳宓、賀麟於4月21日與房東訂立租約。月支付租金40元，紅樓內有床、桌、椅等傢俱，廚房有餐具和日常生活用品。

　　入住「天南精舍」的聯大教授推舉吳宓為社長，浦江清為經理。他們雇請傭人買菜、做飯、挑水、送信。吳宓制定了規章，房租照室分擔，有每月五元、六元、七元三種房，伙食和雜費由全體入住的社員平攤。每人每月大概需要十二三元。

　　錢穆在《師友雜憶》中回憶這段難忘的生活時說：「余等七人各分居一室，三餐始集合，群推雨生（吳宓字雨僧，雨生）為總指揮。三餐前，雨生挨室叩門叫喚，不得遲到。及結隊避空襲，連續經旬，一切由雨生發號施令，儼如在軍遇敵，眾莫敢違。然亦感健身怡情，得未曾有。」

吳宓和眾教授剛入住之時，宴請蒙自分校的教授和職員來此客廳茶聚。煎咖啡，辦中西糕點待客。吳宓和湯用彤曾宴請房東，十幾天後，房東帶著孩子送肉和蔬菜，房東的孩子和客人的孩子一起嬉戲，歡聲笑語，其樂融融。故吳宓作詩有「閒共兒童笑語嘩」之句。

　　吳宓住在樓上南間：「斜壁小窗，外望只見雲天或綠野，殊似輪船中近船首或船尾之艙室也。」吳宓有詩〈始居天南精舍〉。

　　天南精舍在法國醫院旁邊，遷移而來的柳州中央航校即設在醫院內。當時日軍空襲，航空學校成為重要目標。天南精舍沈有鼎能占易，在他房間的桌子上，充滿著《易經》八卦符號的紙片。一天晚上，大家請他試占，得節之九二，翻書一查，竟是「不出門庭凶」五字，於是，眾人決定第二天早餐後即出門，擇野外林石勝處，或坐或臥，拿出所攜之書閱讀。當時，錢穆正在撰寫《國史大綱》，為了保護書稿，他每天早晨攜書稿出去，至下午4時後始歸。

　　儘管室友空前團結，但由於志趣和個性差異，室友之間有親有疏，賀麟與吳宓過從甚密。1938年，賀麟離開西南聯合大學所在的雲南蒙自，前往重慶中央政治學校任教，吳宓「因思用其才性之所特長，以報國家社會，而有《善生》週刊之計畫。……主以道德理想，指導批評一切人一切事。麟極以為當辦，且自任此去隨緣相機，為之遊說提倡。於是日上下午，宓撰成〈創辦善生週刊計畫書〉。前半宗旨及內容，後半組織及經費預算。交麟收藏帶去。」此時吳宓對賀麟的感情甚至超過了對多年老友湯用彤的感情，當時吳宓與賀麟、湯用彤、錢穆等七人同住天南精舍，賀麟去重慶後，吳宓感歎：「自麟去後，天南精舍中，無可與談理想志業之人。」

「何妨一下樓主人」

1938年8月，聞一多妻子高孝貞攜五個孩子及幫傭趙媽來到昆明，一家人得以團聚。1939年暑假，聞一多開始了一再延遲的學術休假，全家搬遷至晉寧縣。1940年6月，全家回到昆明，聞一多開始接替學術休假的朱自清任西南聯大中文系主任。

抗戰初期，因地處邊陲，遠離戰火，相較於北平、武漢和長沙等地，蒙自簡直就是一個動盪中的桃源。對於在蒙自的環境，無論是生活環境還是學術環境，聞一多都是比較滿意的。儘管此時不時傳來的都是一些戰局不利的消息，但此時聞一多對抗戰的前途還是比較樂觀，其心境也較為平和。儘管比清華園的生活要艱苦許多，但聞一多卻幾乎是在延續著清華園的生活狀態。對聞一多而言，作為一個學者共赴國難的最好方式就是堅守自己的崗位，潛心於學術。

1938年5月，聞一多在給友人張秉新的信中說：「蒙自環境不惡，書籍亦可敷用，近方整理詩經舊稿，索性積極，對國家前途只抱樂觀。前方一時之挫折，不足使我氣沮，因而坐廢其學問上之努力也。」

自從來到蒙自後，聞一多就一直埋頭於古代文化典籍的研究，「除了吃飯上課之外，難得下樓一次」。聞一多在西南聯大的同事鄭天挺回憶說：「我和聞先生是鄰屋，聞先生十分用功，除上課外輕易不出門。飯後大家去散步，聞先生總不去，我勸他說何妨一下樓呢，大家笑了起來，於是成了聞先生一個典故，一個雅號——『何妨一下樓主人』，猶之古人不窺園一樣，是形容他的讀書專精。」後來文學院遷回到昆明，羅庸在一次學術講演會上講起這件事，結果「何妨一下樓主人」這個雅號傳遍整個校園。

聞一多為何不下樓，還有一段隱情。後來聞一多在〈八年的回憶與感想〉談話中回憶：「在蒙自，吃飯對於我是一件大苦事。第一我吃菜吃得鹹，而雲南的鹽淡得可怕，叫廚工每餐飯准別一點鹽，他每每又忘記，我也懶得多麻煩，於是天天只有忍痛吃淡菜。第二，同桌是一群著名的敗北主義者，每到吃飯時必大發其敗北主義的理論，指著報紙得意洋洋地說：『我說了要敗，你看吧！現在怎麼樣？』他們人多勢眾，和他們辯論是無用的。這樣，每次吃飯對於我們簡直是活受罪。」

抗戰已經到了1938年的春天，直到這個時候，聯大教授中仍然有主和派。主戰派和主和派經常發生爭論，有時在散步時，有時在飯桌上。蒲薛鳳在〈蒙自百日〉中有詳細描述：

聯大同仁，課餘飯後，對於整個民族國家之出路，尤其是對於目前戰局前途，不免時常談到。自然希望雖同，而看法不一。有時二三人散步提及，有時飯桌上彼一句此一句雜亂發言。大體說來，不外分成兩種不同的觀點。蓋古今中外，無論任何戰爭，必有其準備，開始與其結束，亦必有其主和與主戰兩派，更必有其勝敗之判別。此實無可逃避於天地之間者。今茲所謂兩種不同的觀點，自然只就籠統而言，姑稱為甲乙兩方面。甲方面是著重情感，出於主見，表示樂觀，認為早應抗戰，精神志氣，較武器尤重要，無論如何，不可委屈謀和，必須作戰到底，而且寧為玉碎，不為瓦全。乙方面則著重理智，取客觀態度，持戒慎恐懼之心理，認為當初倘能拖延時日，充實準備，形勢較優，倘能保持主權，雖暫時委曲，可徐圖伸張，諺所謂「能屈能伸」，亦所謂「留得青山在，哪怕沒柴燒」。至於國際關係與世界局勢之有無變化，而如有變化，其對吾國影響之利害得失，亦難逆料。甲

乙兩方觀點不同，論斷自異。甲方譏乙方為怯懦悲觀，乙方斥甲方為魯莽糊塗，甚或如寅恪所云，「非愚即詐」。諸友偶或謂專研政治者當有所見。予輒謂苟向一般民眾談話，自應採取甲方立場，若關起門來，私相推測，尤其是為整個國家前途打算，則尤宜力求客觀，參考史例，而長期打算。

聞一多所說的「敗北主義者」大概就是蒲薛鳳〈蒙自百日〉文中說的「主和派」。當時陳寅恪和吳宓對抗戰時局持悲觀態度，哀傷的情緒在其詩文中有所體現。蒲薛鳳文中的觀點比較公允、客觀。在蒲薛鳳眼中：「聞一多富於情感，容易衝動，天真爽快，直言無隱，有時不免任性使氣，喜歡反抗。伊在抗戰初期，即高談民主自由，反對獨斷專政；有時指摘現實，詆詈當局，其措詞之憤激粗暴，殊越出一般教授學人之風度。」

1938年8月底，聞一多去貴陽接回家眷抵昆明，住在福壽巷三號，這是陳夢家幫助先生租的。院子約30平方米，正南為三間正室，東西各有兩間廂房，均為兩層木結構樓房，寬敞豁亮。聞一多一家住樓上三間正房及一間廂房。此時，聞一多之弟聞家駟已經接到聯大外文系聘書，教授法文。聞家駟一家住在樓上另一廂房。

聞一多一家剛在昆明福壽巷三號住下來，還不到一個月，就遇到了日寇飛機轟炸。據中國社科院近代史研究所研究員，聞一多之孫聞黎明的文章：

1938年9月28日，昆明第一次遭到轟炸。我父親與伯父正在小學讀書，家裏讓保姆去接他們，沒料到一去不回。祖父十分著急，自己也跑去接孩子，到了學校才知道，學校已經組織學生走了。回來的路上，飛機來了，祖父站在屋簷下，結果一片瓦片墜落，以致頭部受傷。

為了防空，祖父曾與馮至以及叔祖父聞家駟全家住在一間山洞裏。一次空襲中，一顆炸彈落在洞旁，幸而沒有爆炸。一旦炸彈爆炸，山洞傾塌，難免將人埋在裏面。有這次僥倖逃生的經歷，全家搬到昆明城外，與華羅庚同居一屋。環境非常簡陋。兩家只隔一塊布簾。華羅庚就在這裏寫出了《對數論》。直到1939年8月清華恢復文科研究所，祖父再次帶領家人遷居。在昆明，聯大教授這樣動盪不安絕非聞家一家如此。

聞黎明文中提到的聞一多華羅庚兩家同居一室是在陳家營時期，那是怎樣的居住條件呢？聞一多、華羅庚兩家共14口人，在一間陰濕的、只有16平方米的偏廂房裏共同生活了將近一年多，人均佔有空間不足1.2平方米。聞一多一家住屋子東頭，華羅庚一家住屋子西頭，兩家中間掛一塊碎花布相隔，原想互不打擾，可半夜華羅庚的小兒子尿床，可以一直濕到聞一多家這半邊。雨天到來的時候，兩家孩子一起把臉盆、漱口缸、飯碗、尿罐集中起來，抵擋雨漏。

在那個國難當頭的歲月裏，如此相依為命的，又豈止是聞一多、華羅庚兩家呢？後來，華羅庚先生寫了一首七言小詩，真實描繪了他們在陳家營那段時間的生活狀態：

掛布分屋共容膝，豈止兩家共坎坷。
布東考古布西算，專業不同心同仇！

金岳霖、陳岱孫合住戲樓包廂

1938年9月28日，昆明受到敵人飛機在雲南的第一次空襲。這次空襲被炸的地區恰為昆師所在的西北城廂區，中了好幾枚炸彈。

聯大所借貸的三座樓中，南北兩樓均直接中彈。所幸的是，兩樓中的聯大學生已全體躲避，無一傷亡。但不幸的是，有兩位擠住在南樓、新從華北來昆明準備參加西南聯大入學考試的外省同學，未受過空襲的「洗禮」。當敵機臨空時，尚在樓上陽臺張望，被炸身亡。

　　日寇的飛機空襲，使得聯大學者的生活雪上加霜，聯大師生飽嘗流離失所之苦。我們可以在陳岱孫先生的回憶中看到，住所幾度被炸，幾度搬遷：

> 我們在昆師、農校又住了一段不長的時間。後來，金岳霖先生和我們十幾個同事租了城內翠湖旁邊一民房居住。但住了又不長的時間，這一座小院子在另一次空襲中中彈被毀。我們收拾餘燼，和另十來個同樣無家可歸的同仁一起遷住清華航空研究所租而未用的北門街唐家花園中的一座戲臺，分住包廂，稍加修繕，以為臥室。台下的池座，便成為我們的客廳和飯廳。金先生和朱自清先生、李繼侗先生、陳福田先生

1942年昆明山邑村，左起周培源、陳岱孫、金岳霖（戴帽子者）等人合影。

及我五個人合住在正對戲臺的樓上正中大包廂。幸運的是，我們在這戲臺宿舍裏住了五六年，直至日本投降。聯大結束，不再受喪家之苦。

空襲對教職員的居住環境帶來了不少麻煩，使他們居住增加了不適感。《吳宓日記》有不少記述宿舍受震後的情景，茲摘錄如下，以見一斑：

夜中，風。宓所居樓室，窗既洞開，屋頂炸破處風入。壁板墜，壁紙亦吹落。彌覺寒甚。（1940年10月23日）

舍中同人皆外出，宓即掃去窗上之積土，悄然安寢。寓舍僅齋頂震破數方，簷角略損，玻窗震碎。及宓歸，飛落之瓦石塵土已掃除淨盡矣。（1941年1月29日）

4：00抵舍，則本舍僅蕭蘧小室屋頂洞穿方寸之孔。一鐵片落床上。宓室中塵土薄覆，窗紙震破而已！（1941年4月29日）

我這間屋子雖不漏雨，那邊F.T.（指聯大外文系教授陳福田）和岱孫的房裏，已經大漏特漏，雨水一直滴流到下面皮名舉的房裏，濕了一大塊地。……你看，我們這窗子是開敞的，對面板壁上轟炸震破的寬縫，用厚紙糊著的，紙又都吹破了。我的床正迎著視窗進來的過堂風，所以昨夜我受了寒。今晚，陳省身先生已經用他的行李包把視窗嚴密的堵起來，現在風雨一點都不能侵入。（1941年5月28日）

早在上個世紀30年代，美國著名漢學家費正清初到中國時，與梁思成、林徽因夫婦以及蔣廷黻、金岳霖等人交往很深。1942年他再度來到中國，為中國知識份子有抗日戰爭中面臨的艱難生活所震驚。他在回憶錄中說：「獲得食物和住房，以及最起碼的生活必需品，

成了聯大教職員工當時最主要的問題。我的朋友，哲學家金岳霖，經濟學家陳岱孫，英語系的夏威夷美籍華裔教授陳福田都剛剛搬到美國領事館隔壁的老劇場露臺上住，搭起了臨時的活動房屋。」接下來他描述了這些活動房屋的情景：「大老鼠在紙糊的天花板上跑來跑去，幾乎從上面掉下來，於是我們談論到買一隻貓，但一隻貓時價為銀洋200元。」（《費正清對華回憶錄》，第219頁，上海知識出版社1991年出版）

冰心呈貢山上的「默廬」

抵達雲南後，吳文藻任教於雲南大學（聯大也聘吳先生講授社會學）。在朋友的幫助下，冰心一家定居於昆明螺峰街。不久，為躲避日軍空襲，冰心帶三個孩子，遷到離昆明市區不遠的呈貢縣居住。而吳文藻仍留在昆明，繼續人類學的講座，同時籌建雲南大學的社會學系。

冰心一家的居所建在呈貢山上，冰心把這個山居稱為「默廬」。默廬「前廊朝東，正對著城牆」，「後窗朝西，書案便設在窗下，只在窗下，呈貢八景，已可見其三」，「清晨黃昏看日上，月出。晚霞，朝靄，變幻萬端，莫可名狀，使人每一早晚，都有新的企望，新的喜悅」。處身於大自然懷抱之中，冰心用詩一般的語言描繪說：「論山之青翠，湖之漣漪，風物之醇永親切，沒有一處趕得上默廬。我已經說過，這裏整個是一首華茲華斯的詩。」此時冰心能有如此的心境，細微而又恬靜地玩味著呈貢的山水，無疑是對戰時苦難心靈的一種撫慰。

儘管冰心自己也認為，「回溯生平郊外的住宅，無論是長居短居，恐怕是默廬最愜心意」。但思鄉之情，卻也在所難免，她幾乎無時無刻不在苦戀著已遭淪陷之苦的北平。「人家說想北平大覺寺

的杏花、香山的紅葉，我說我也想；人家說想北平的筆墨箋紙，我說我也想；人家說想北平的故宮北海，我說我也想；人家說想北平的烤鴨子涮羊肉，我說我也想；人家說想北平的火神廟隆福寺，我說我也想；人家說想北平的糖葫蘆炒栗子，我說我也想」。但是，冰心也知道，她是不能回去的，她絕不能夠回到那個被敵人踐躪著的第二故鄉，她不能看著這個在敵人鐵蹄下呻吟著的美麗的城市而不動愁容，「我的心靈時刻在自警說：『不，妳不能想，妳是不能回去的，除非有那樣的一天。』」

由於昆明的疏散，呈貢縣的人口頓時驟增，呈貢簡易師範學校也只得擴大招生。為了提高學校的聲譽，加強師資力量，簡易師範學校校長邀請冰心擔任簡易師範的教師，冰心欣然應承。校長懷著歉意，不好意思地談到學校經費緊張，教師的薪酬很低。冰心笑著回答：「我到學校義務教課，不要任何報酬……」任教期間，冰心還為呈貢簡易師範寫了一首校歌：「西山蒼蒼滇海長，綠原上面是家鄉。師生濟濟聚一堂，切磋弦誦樂未央。謹信弘毅校訓，莫忘來日正多艱，任重道又遠。努力奮發自強，為國造福，為人民增光。」從這歌詞中，我們可以感受到中國知識份子的愛國情懷。這種異寇入侵激發的憂患意識，愛國精神，是從杜甫的唐詩、辛棄疾的宋詞中延續而來，成為民族的精神力量。

僻靜的「默廬」自冰心居住之後，「談笑有鴻儒」，冰心的下午茶吸引來不少聯大的學者。西南聯合大學已在昆明開辦。三校教師中清華大學的最多，不少是吳文藻的老朋友，自然也是冰心的朋友。西南聯大未帶著屬來昆明的朋友們，每到週末，總喜歡到呈貢來過星期天。對於這些來訪的朋友，冰心印象極佳，她曾評論這些朋友們說：「大半是些窮教授，北平各大學來的，見過世面，窮而不酸。幾兩花生，一杯白酒，抵掌論天下大事，對於抗戰有信念，對於戰後回北平，也有相當的把握。他們早晨起來是豆漿燒餅，中

飯有個肉絲炒什麼的，就算是葷菜。一件破藍布大褂，昂然上課、一點不損教授的尊嚴。他們也談窮，談轟炸，談的卻很幽默，而不悲慘，他們是抗戰建國期中最結實、最沉默、最中堅的分子。」

有一段時間，時在雲南大學任教的施蟄存去冰心的家裏喝下午茶。施蟄存晚年回憶抗戰初期在昆明的經歷時説道：「冰心每週末下午，都請朋友去她的住所喝下午茶，有咖啡，也有普洱茶，還有牛肉汁茶，我下午無課也去參加過幾次。」當年冰心召集的午茶，就像一個小小的文藝沙龍。那時，昆明的外省文士學者甚多，雲南大學、西南聯大和中央研究院的教師在工作之餘，大家就來往聚會。施蟄存經常參加此類活動，從1938年鳳子致他的一封短箋，可見一斑。此函謂：「蟄存先生，今晚六時半，約了幾位朋友在五華（華山西路口）便餐，茲特專誠奉約，希望你也能來，大家談談關於《詩刊》的事。也許林徽因、沈從文兩位都可以到會。專此留上，蟄存施公。鳳子六日三時半。」

陳省身疏散到梨煙村

陳省身，1911年10月28日出生於浙江嘉興，11歲到天津，15歲考入南開大學，跟隨姜立夫教授攻讀數學。「姜先生在人格上、道德上是近代的一個聖人。他態度嚴正，循循善誘，使人感覺讀數學有無限的興趣前途。」（陳省身：《學算四十年》）1930年在南開畢業後入清華大學深造。1934年赴德留學，1936年獲博士學位。1937年7月離法國應聘清華大學教授，乘伊莉莎白女王號橫越大西洋去紐約，旋至加拿大溫哥華城，乘加拿大皇后號輪去上海。旅途中日本侵略已達滬上，只好在香港下船，由香港至海防，然後與北京大學校長蔣夢麟及江澤涵一家結伴於1938年1月抵昆明。

到了昆明，陳省身任西南聯大數學系教授。聯大數學系由北大、清華、南開三校數學系合成，人才濟濟，名流薈萃，教授陣容強大，陳省身開設「圓球幾何學」、「外微分方程」等高深的課程。

聯大部分教師最初借住在當地一所中學內，陳省身、華羅庚和日本史專家王忠信合居一室。每人一張床，一個小書桌，一把椅子，一個書架，屋裏擺得滿當當的。大家心情舒暢，每天早晨起床時說點笑話，然後精神飽滿地投入工作，並且各自都取得優異成績。「雖然物質上很苦，但是生活也很有意思。」陳省身在〈我與華羅庚〉一文中回憶初到昆明時的情景說。

戰爭初期生活已很艱苦，教授們苦中作樂。每逢週末，緊張工作之餘，北大物理教授吳大猷（吳大任之堂兄）家裏有兩桌橋牌「牌戰」。

1939年7月，陳省身同鄭士寧結婚。鄭士寧是清華大學第一任算學系主任鄭之蕃（號桐蓀，數學教育家，1887年出生於江蘇省吳江縣，其大妹鄭佩宜與同縣著名詩人柳亞子結婚）之女，畢業於東吳大學生物學。遷校前夕，吳有訓是陳省身與鄭士寧訂婚的介紹人。婚後，兩人借住於昆明小西門內大富春街一座中式樓房裏，過起「二人世界」的生活。這座樓房中有天井，樓上住了物理系饒毓泰教授及地質系孫雲鑄教授兩家，陳省身夫婦住在樓下。樓下正房住了姜立夫先生及其侄女姜淑雁一家。小西門離西南聯大步行約20分鐘，途經翠湖公園。陳省身常常與姜立夫先生同去學校，或者兩人從學校一同回來，邊走邊談，很是愜意。樓下廂房則住房主人陳西屏先生。陳西屏曾任雲南地方官，房子建得堅固，當時也很新。1986年陳省身夫婦重遊昆明時，那座樓房仍在。

不久因日寇轟炸，陳省身和妻子疏散到近郊梨煙村，與理學院院長吳有訓家同住一個院裏。這時鄭士寧已懷孕，陳省身又不會幹

家務活兒，生活顯得很狼狽。熱心的吳有訓夫人王立芬便請他倆每天到自己家吃飯，使陳省身集中精力用於教學。幾十年後，陳省身回憶起這段往事，稱他與妻子曾當過吳先生家的「食客」，對吳夫人的盛情幫助，表示深切感謝。

翌年，鄭士寧回上海父母家待產，陳省身又過起單身漢生活。他同幾位沒帶家眷的教授合租了唐繼堯家花園的一個戲臺。陳省身的房間是個包廂，戲臺上住著朱自清、李繼侗、陳福田和陳岱孫4位教授。陳省身的房間是一個包廂。這段時間，陳省身在埋首教學科研之餘，每到週末都要到他的好友吳大猷教授家。

1941年珍珠港事件爆發，交通中斷。陳省身的妻兒被滯留上海，他在昆明仍過著單身生活。此時吳大猷家的「牌戰」之樂也一去不復返了——因敵機空襲頻繁，吳大猷一家疏散到近郊崗頭村。陳省身孑身一人，雖然孤單，卻擁有充足時間苦讀他的導師、法國著名數學家嘉當寄來的大量論文複印件。

古廟安家

戰爭是長期的，人們沒有抱怨，沒有倦怠，相反，西南聯大的師生精神上都是昂揚的，堅守戰時教育的崗位，做出了最突出的貢獻。

生物學家蔡希陶在黑龍潭的一所小房子裏開設了植物研究所，從事雲南植物種類研究。

光學專家嚴濟慈率領北平物理研究所的員工在黑龍潭一座古廟裏安了家，立即接受了當時軍政部兵工署所需的儀器生產任務，為前線製造了五百架一千五百倍的顯微鏡、一千多具無線電發報機用於穩定波頻的水晶振盪器等多種軍需用品。

建築學家梁思成、林徽因夫婦住在一座潮濕的尼姑庵中，堅守他們創建的營造學社的工作，哪管空襲警報，哪管病體拖身，在極端艱苦的條件下，團結同仁，堅持對古建築的考察、測繪、研究，致力於學術，半年之內走訪三十五個縣，費正清稱之為「獻身科學的典範」。

梁再冰在〈我的媽媽林徽因〉文中回憶：「我們在麥地村住在一個尼姑庵中。庵裏供著菩薩的大殿就是營造學社的畫室。其側室是劉致平先生的臥室。我們一家住在同這個大殿呈直角的一間半房子中。媽媽帶著我和弟弟住較大的一間，另外的半間（約六七平方米）被一分為二，後半部為外婆的臥室，前半部就是全家所在的起居室。」

1942年，美國外交官費正清到昆明看望清華大學的老朋友。他發現清華大學的政治學家張奚若全家住在秦家祠堂，「他（張奚若）睡在供滿靈位的祠堂正殿裏，殿外四周是一個綠樹成蔭的幽靜園子。」費正清對自己的見聞感到無比震驚：「他們正在開展一場頑強的鬥爭，但是難以持久地堅持下去。你可以想像此種處境——絕望、貧窮、苦撐門面、相互支援、以及行動的漸次削弱。」通貨膨脹產生令人驚愕的反常現象，費正清說，把一支自來水筆送給一位中國教授，勝似送給他一年薪金。（《費正清對華回憶錄》）

機械工程學家劉仙洲雖是「部聘教授」，過的卻是「一室之中，同住人豬雞狗；十天之內，歷經春夏秋冬」的日子，常年一件粗布長袍、一雙黑布鞋，簡陋的床、衣箱、書桌，但他嚴謹治學，筆耕不輟，著名的《熱工學》一書就是在跑警報期間完成的，他的敬業愛崗精神被譽稱「愛國公真陸放翁」。

社會學家陶雲達（後加入雲南大學社會學系）調查邊疆社會，足跡遍全滇，在少數民族地區研究人類學，測量數千個個案體質，從社會經濟、民情風俗、語言分佈、宗教信仰及地理環境的調查中獲得

第一手資料，獲得大量文獻、文物、圖片等，創辦了邊疆人文研究室和《邊疆人文》雜誌，被譽為西南邊疆社會研究的拓荒者。在陶雲逵影響下，「魁閣」成了一個研究邊疆人文的社會學派。

費孝通先生在〈物傷其類——哀雲逵〉中回憶，抗戰時期，他和陶雲逵等人同在雲南呈貢的魁閣社會學工作站從事研究，常常因學術見解不同而論辯、切磋。「雲逵住在龍街，我在古城，離魁閣都有一點路程，可是不論天雨泥濘，我們誰也沒有缺席過。」由此可見，那一代學者在戰時一刻都沒有放鬆學術研究。

關於魁閣，還得從敵機轟炸昆明的文化區說起。陶雲逵的陋室恰巧在炸彈旁邊，炸起來的土把棲身之所變成了一個小土丘。陶雲逵找費孝通，費家也被炸得面目全非。他們見面，輕鬆地說：「等了很久了，我們可以變一下了。」費孝通說，「感謝」敵機，如果沒有這次轟炸，雲南大學的社會學研究室也不會搬到鄉下。陶雲逵把邊疆人文研究室安置到他曾經住過的古廟中去，費孝通說「魁閣成了我們研究室的綽號」。

費孝通、陶雲逵的邊疆人文
研究室疏散到呈貢魁閣。

朱自清、聞一多住過的司
家營61號。

朱自清的住所

　　1939年9月6日，朱自清和妻子陳竹隱去梨園村看房子，在外語系教授吳達元先生家用豐盛的午餐。然後，朱陳夫婦訪魏先生（房東），他分給朱自清樓下三間房子，帶一個廚房及一個女僕用的小房間。13日，朱自清將家搬到梨園村。共用了七個牛車和五個搬運工。因汽車擋路導致延長五小時。

　　1940年夏至1941年夏，按西南聯合大學規定的教師「輪休」制度，在此校任教的朱自清可以帶薪離校休假一年。朱自清可以有一段完整的時間，從事早已醞釀成熟的對中國經典文獻的學術研究。但昆明物價高得驚人，身為知名教授，亦難養家糊口。計議再三，終於決定遷家到夫人陳竹隱的故鄉成都。1940年上學期，一放暑假，朱自清就離開了昆明，8月4日到達在四川成都租得的夫人及孩子已搬至此處的家——成都市東門外宋公橋報恩寺內的旁院三間沒有地板的小瓦房。

　　朱自清在成都休假這一年，編寫了兩本國文教學的教材。

　　葉聖陶說：「1940年夏天開始，我在四川教育科學館擔任專門委員。工作任務是推進中等學校的國文教學。實在沒有多大把握，除了各縣去走走，參觀國文教學的實際情況，跟國文教師隨便談談，就只想到編輯一套《國文教學叢刊》。叢刊的目錄擬了八九種。其中兩種是《精讀指導舉隅》跟《略讀指導舉隅》，預先沒有徵求佩弦的同意，就定下主意我跟佩弦兩個人合作。因為1940年夏天到1941年夏天佩弦輪著休假，在成都家裏住，可以逼著他做。去信說明之後，他居然一口答應下來，在我真是沒法描摹的高興。於是商量體例，挑選文篇跟書籍，分別認定誰擔任什麼，接著是彼此動手，把稿子交換著看，提出修正的意見，修正過後再交換著看：樂山跟成都之間每隔三四天就得通一回信。1941年春天，我搬到成都住，可是他家住在東門外，我家在西門外，相隔大概二十里地，會面不容易，還是靠通信的時候多。兩本東西寫完畢，現在記不起確切時日了，好像在那年暑假過後他回西南聯大之後，寫的分量幾乎彼此各半，兩篇『前言』都是我寫的，兩篇『例言』都是他寫的。」

　　1941年4月30日，四川省教育廳教育科學館辦《文史教學》，朱自清、葉聖陶、顧頡剛、錢穆擔任編委。

　　朱自清休假返回聯大任教，仍然住在梨園村，但妻與子仍在成都。過了不久，朱自清由梨園村遷居至司家營清華文科研究所，和幾個同事一起，住清華大學單身宿舍。此時，朱自清已經辭去聯大和清華大學的行政職務，專心從事教學和研究。沈從文多次到朱自清的單身宿舍，在他的印象中，朱自清這位嚴謹而清寒的學者，缺食少衣，除參與聯大和同事的活動，生活有點寂寞：「就在那麼一種情形下，〈毀滅〉與〈背影〉作者，站在住處窗口邊，沒有散文沒有詩，默默地過了六年。這種午睡剛醒或黃昏前後鑲嵌到綠蔭蔭

視窗邊憔悴清瘦的影子，在同住七個老同事記憶中，一定終生不易消失。」（沈從文〈不毀滅的背影〉）

梁思成、林徽因建房子

1938年一月中旬，林徽因經過三十九天的長途跋涉到達昆明，租居於翠湖邊巡津街盡頭的昆明前市長寓宅「止園」。梁思成的背脊椎關節炎硬化症復發，病倒約半年。

2月，林徽因女兒梁再冰、兒子梁從誡就讀於「恩光小學」。後轉進許地山辦的「兩廣小學」。林徽因在給費慰梅的信中描述家庭生活：「思成笑著、駝著背（現在他的背比以前更駝了），老金正要打開我們的小食櫥找點吃的……」林徽因還給費慰梅描述了孩子們的情況：「梁再冰常常帶著一幅女孩子嫻靜的笑容，長得越來越漂亮，而小弟是結實而調皮，長著一對睜得大大的眼睛，他正好是我期待的男孩子。他真是一個藝術家，能精心地畫出一些飛機、高射炮、戰車和其他許許多多的軍事發明。」

1939年秋天。梁思成、林徽因遷居昆明郊外麥地村的走空了尼姑的「興國庵」。由於興國庵裏入住了營造學社以及研究中國古建築的同仁，房子非常緊張，梁思成一家三代，擠在一間半房子裏。

梁思成、林徽因沒有在聯大任教，但和聯大教授交往甚密。梁思成為西南聯合大學設計新校舍。林徽因（前排左一）與家人朋友，前排坐著的是梁思成，後排左起為周培源、陳岱孫和金岳霖。

1940年5月林徽因遷居離麥地村兩裏的龍頭鎮龍頭村，並在龍頭村設計、監製了自己和錢端升兩家比鄰的住房。林徽因致費慰梅的信介紹：

我們正在一個新建的農舍裏安下家來。它位於昆明東北8公里處的一個小村邊上。風景優美而沒有軍事目標。鄰接一條長堤，堤上長滿如古畫中的那種高大筆直的松樹。我們的房子有三個大一點的房間，一間原則上歸我用的廚房和一間空著的用人（傭人）房，因為不能保證這幾個月都能用上用人，儘管理論上我們還能請得起，但事實上超過了我們的支付能力（每月70美元左右）。

出乎意料地，這所房子花了比原先告訴我們的高三倍的價錢。所以把我們原來就不多的積蓄都耗盡了，使思成處在一種可

圖上：梁思成、林徽因居住過的司家營興國庵。
圖下：梁思成、林徽因在昆明龍泉鎮棕皮營建蓋的住宅。

笑的窘迫之中（我想這種表述方式大概是對的）。在建房的最後階段事情變得有些滑稽，雖然也讓人興奮。所有在我們旁邊也蓋了類似房子的朋友（李濟、錢端升），高興地指出各自特別囉嗦之處。我們的房子是最晚建成的，以至最後不得不為爭取每一塊木板、每一塊磚，乃至每一根釘子而奮鬥。為了能夠遷入這個甚至不足以「避風雨」——這是中國的經典定義，你們想必聽過思成的講演的——屋頂之下，我們得親自幫忙運料，做木工和泥瓦匠。

無論如何，我們現在已經住進這所新房子，有些方面它也頗有些美觀和舒適之處。我們甚至有時候還挺喜歡它呢。但看來除非有費慰梅和費正清來訪，它總也不能算完滿。因為它要求有真誠的朋友來賞識它真正的內在質量。

不久，金岳霖又在龍頭村建房與梁思成林徽因比鄰。林徽因致費慰梅的信中說：「這個春天，老金在我們房子的一邊添蓋了一間耳房，這樣，整個北總布胡同集體就原封不動地搬到了這裏，可天知道能維持多久。」

果然，剛剛安居了幾個月，教育部的調令來了。中國營造學社再次隨中國歷史語言研究所一起遷到四川。11月29日，梁思成一家和中國營造學社，不得不告別昆明的大批朋友，和十幾年交情的朋友分離，真是難捨難分，他們要搬到一個遠離大城市完全陌生環境的小鎮——李莊。

王力的「龍蟲並雕齋」

1940年秋，昆明城常遭敵機空襲，聯大的教授都搬到郊區租農民的房子住。王力休假從越南回來，近郊的民房都被租完了，他只

好到東北郊龍泉鎮龍頭村租一間民房。這是一間很矮小的破房子。當地農民習慣人畜同居，小小的房子分為兩層，上層住人，下層關豬牛。這房子的主人搬了家，房子空了，樓上樓下的面積算起來還不到20平方米。樓下是關牲畜的，又髒又臭，四壁發黃，斑斑駁駁。王力覺得這在戰勝時期，有個安身之所就行。他稍事修葺，買點石灰粉刷了一下，就搬進來，住下了。房子的門低得能碰頭，屋頂的瓦片能見日光，雨天漏雨，冬天透風。門外豬牛糞遍地，臭氣熏人。王力和妻子夏蔚霞剛開始很不適應，時間長了，安之若素。王力在大門兩邊貼了副春聯：「閒招白雲鶴千里，靜讀黃庭香一爐。」他進門時，總愛念一遍字跡漫漶的春聯，道一聲：「君子居之，何陋之有？」聊以自慰。

龍頭村離昆明十多公里。王力每週要到聯大上一次課。他每逢進城那天，就提個書袋，穿上夫人給他做的布鞋，徒步上路。一般是當天進城，第二天早晨上課，下午轉回龍頭村。

1941年1月，王力和夫人夏蔚霞的兒子王緝國就出生在這個小房子裏。宗璞在回憶其父馮友蘭的文章中提到這件事：「王力夫人的頭生兒子，是母親（任載坤）接生的。王夫人夏蔚霞告訴我，王先生進城上課去了，她要臨產，差人去請馮太太，馮先生也來了。後來是母親抱著她坐了一夜，第二天孩子才落地。」

1936年王力教授與夫人夏蔚霞在清華大學家門前合影。

王力一家合影。

　　王力教授寫過一篇名叫「燈」的小品文，為了避免空襲的危險，疏散到鄉下，告別了電燈，點起了煤油燈。後來因為煤油太貴了，買不起，於是又改點菜油燈。在鄉下住了一年多，他聽到村裏有裝電燈的機會，欣喜若狂，但是裝電燈的代價實在不小，顯然是被菜油燈搞得困苦不堪，王力居然破費裝了一盞電燈。他寫道：「我住的房子距離電線木杆五十公尺，該用電線二百餘碼，計算裝電燈的費用，是房租的百倍。我居然有勇氣預支了幾個月的薪水以求取得這一種既不能吃又不能穿的東西。於是甕牖繩樞，加上了現代的設備。一到了黃昏，華燈初上，我簡直快樂得像一個瞎了十年的人重見天日。那個一年來的良伴菜油燈，被我拋棄在屋角上，連睬也不去睬它了。」戰時學者的居住條件急遽下降，清貧至此——裝一盞電燈，對教授來說，是經濟難以承受之重。省吃儉用裝上電燈後，欣喜若狂。

　　1943年，廣東人在昆明辦的粵秀中學聘請王力兼任該校校長。王力把家搬到這個所學校。居住條件較之以前大為改善。他的住所前面有個小院，院子裏有兩顆挺拔的棕櫚樹。此時，王力經費孝通

介紹，一面為《生活導報》開專欄「龍蟲並雕齋瑣語」；一面又應《中央日報》增刊之約，為該刊寫小品文。這個專欄叫「棕櫚軒詹言」。詹言出自《莊子齊物論》，指的是小言，以示自謙。

王力在龍頭村居住時，就開始為報紙寫專欄。那時，他為《星期評論》撰寫小品文，專欄名為「甕牖剩墨」。「甕牖」指他在農村居住的陋室；「剩墨」指業餘之作。

王力業餘時間致力寫小品文，聞一多曾直言提出批評。認為王力作為語言學家不該寫那些低級趣味的文章，消磨鬥志。王力並不認為輕鬆有趣的小品是無聊乃至墮落。「龍蟲並雕齋」是說，他在書齋既「雕龍」也「雕蟲」——「龍」指他的學術著作，「蟲」指非學術性的文學作品以及普及性的文章。

筆者曾閱讀過王力的《龍蟲並雕齋瑣語》，僅僅看題目就可略知一二，既有直切時弊、關注民生的文章（〈路有凍死骨〉、〈戰時的物價〉、〈疏散〉等），也有描摹個人見聞、世情百態的小品文（〈辣椒〉、〈勸菜〉、〈西餐〉等）。王力的小品文，題材廣泛，涉及抗戰時期社會生活的方方面面，衣食住行，生老病死，風俗教化，人情世態，新亭之痛，黍離之思。是瞭解戰時昆明的社會畫卷，亦可折射戰時聯大學者的生活窘況。

王力為何寫了大量的小品文，他在文中自嘲地說「完全為了稿費」，為了補貼生活，讓饑寒的生活窘況稍有緩解，這是一方面。更大的對國統區的黑暗進行隱諷，是一個知識份子對時局的關注和發言。從「滿紙荒唐言」中可看出「一把辛酸淚」。

1983年8月，王力教授重返昆明，感慨良多，有〈緬懷西南聯合大學〉詩云：「盧溝變後始南遷，三校聯肩共八年。飲水曲肱成學業，蓋茅築室作經筵。熊熊火炬窮陰夜，耿耿銀河欲曙天。此是光輝史一頁，應教青史有專篇。」

費孝通為孩子出生找房子

晚年費孝通。

位於昆明東南郊的呈貢魁閣，曾是費孝通《祿田農莊》、《內地農村》等重要著作的誕生地，他的大女兒也是在這裏出生。

1940年10月13日的轟炸毀壞了費孝通在文化巷的住所，14日他便疏散到呈貢縣古城李保長家租住，一住就是5年。李保長家正屋四開間樓房，已經有一半租給同濟大學的周先生等三家人。費孝通只好租住了一間廂房，廂房下面一半是房東的廚房，一半是它們的豬圈，樓板的材料是結實的，可是板與板之間的縫卻沒法拼得太緊密，樓下的炊煙和豬圈裏的氣味可以上升到廂房裏來。廂房靠院子的一半板壁還沒有起，只用草席擋著風。他希望兩件事：把豬圈搬開，把板壁起好。交涉了半天，只是把板壁這一件事作到半件，至於豬圈，則沒有任何進展。房東說豬的收入比全部租金大好幾倍，出租房子是為了交情，而且帶一點救濟難民的性質，並不等錢用。費孝通對房東心懷感激：「他給我這炸彈不會到的房間，至少減輕了生命的威脅。」

費孝通更大的麻煩是住了不久以後，房東出乎意料的給了他一個警告：他的孩子決不能在這裏出世。房東決不是有意為難他，僅僅是為了遵照當地的風俗，據說一家人的住宅，若被別人家的孩子的血光一沖，則殃及這家人的子子孫孫。

費孝通本已請妥了一位相熟的助產士來鄉下接生，這一計畫不得不放棄。政府雖有明令，郊外房東不得刁難疏散居民，尤其應保護孕婦，但是鄉下人礙於風俗，不准在他家生育也有他們的道理。費孝通轉而求助於衛生院，不巧的是衛生院設在該縣的聖地文廟，

在其成立之初，就已接受了當地人的要求，絕不容留產婦。此事真是急得費孝通團團轉，最後不得已找到縣城的一位廣東太太，以5元一天的代價，租了一間白天黑得看不清楚鈔票數字的房間，孩子總算可在屋內出世了。

華羅庚：「我們的錢都已經花光了。」

西南聯大有「數學三傑」，就是指華羅庚、陳省身和許寶騄。雖然他們當時都只有三十多歲，但都已成為名教授。

1938年秋，華羅庚結束在英國劍橋大學的進修，回到戰火紛飛的祖國。經過千里跋涉，他終於在距故鄉千里之遙的昆明，找到了半年多來杳無音訊的妻子和孩子。他到西南聯大數學系任教，剛開始與陳省身、王信忠同居一室。隨後，華羅庚一家六口與聞一多一家八口合住在一間不到二十平方米的廂房裏。

後來實在因為擁擠不堪，華羅庚只好在西郊普吉附近找了個牛圈，用最便宜的價把牛圈上頭用來堆草的樓棚租了下來。牛住下頭，他們一家人住上面。這位數學家在昆明城郊農村過著「一燈如豆」、「危樓欲倒」的生活。

當時即使是昆明近郊的貧苦農民，也極少有在牛圈上面的草棚裏住宿的。而數學大師華羅庚以其驚人的毅力，每天晚上拖著殘腿，跋涉十幾里地回家，伏案於牛圈的樓棚，潛心於他的數學專著和論文。老牛在柱子上擦癢癢，常常搞得整個樓棚地動山搖，人坐在樓棚上，那感受就像喝醉了酒或得了美尼爾氏綜合症一般。華羅庚不僅感慨萬端：「清高教授，嗚呼！清則有之，清者清湯之清；而高則未也，高者高而不危之高。」

天氣熱的時候，蚊子成群地在牛圈飛舞，蝨子跳蚤也來吮吸數學大師的血液。在這樣的條件下，華羅庚每晚工作到深夜。從1938

年到1945年這短短七年間，華羅庚為世界數學史開創了一門新學科——矩陣幾何學，攻克了十多個世界數學史上的難題，寫出了《堆疊素數論》和《數論導引》兩本專著及十幾篇論文，僅公開發表的論稿就達百萬字之多。

不久，華羅庚的又一個孩子降臨人世。這名大名鼎鼎的數學教授除了拖著傷殘的腿艱難地往返於教室和宿舍之間，實在無力去掙額外的收入，無法將妻子送進醫院分娩。他們的孩子就在這間破屋子裏呱呱墜地。華羅庚望著這個生不逢時的苦孩子，辛酸而不無幽默地説：「這孩子就叫華光吧，我們的錢都已經花光了。」窮困中的華羅庚常常對人自嘲：「華光華光，全部花光，哈哈⋯⋯」

幾年以前，華羅庚在大洋彼岸追隨他的英國導師研究「華陵——哥德巴赫」這一世界數學史上的難題，為了紀念自己取得的成就，他給女兒起名字：華陵！從華陵到華光，一女一兒兩個名字，包含了這位中國數學家在那個時代所有的輝煌和所有的辛酸！

為了教育這些孩子，華羅庚在家中採取了軍事化的管理方式。每天早晨，孩子們聽到哨聲起床穿衣，每人拿一個小盆，排成一列縱隊，由華羅庚吹哨子，帶他們到河邊洗臉漱口，三伏三九皆不例外。

1938年，華羅庚和家人在昆明住宅前留影。

有一次，附近的農民給華羅庚的妻子吳筱元送了兩個雞蛋，吳筱元悄悄藏了一個在床下。她見丈夫日漸消瘦，實在心疼不已。夜深人靜，孩子們熟睡後，她把床底下的雞蛋悄悄煮了送給丈夫。華羅庚看著雞蛋，給妻子出了一道簡單的數學題：一個雞蛋重0.5公兩，把它們平均分成五份，每份多少公兩？妻子不假思索脫口而出：「當然是0.1公兩啦。」華羅庚按妻子所說，把雞蛋平均分成五份，自己把其中的一份吃了，剩下四份留給妻子和三個在家的孩子。

妻子望著桌上剩下的那4瓣雞蛋，眼淚不由得撲簌而下。華羅庚安慰說：「等我這本《堆疊素數論》出版後，我們去割幾斤肉，全家人美美地吃一頓。要是還剩著錢，就給孩子們添幾件新衣服，再給我自己買兩包煙——真想抽支煙呀……」

由於窮困，原先煙癮很大的華羅庚，把煙酒都戒除了，本來就困頓無奈的生活中，又少卻了最後一點滋味。

《堆疊素數論》的中文稿，終於在1942年年底完成，然而他萬萬沒有想到，這部費盡兩年心血方才寫成的30萬字的巨著，在他寄給重慶的中央研究院後，對方一拖半年才告知：手稿已遺失。這件事驚動了聯大校委，校長梅貽琦致函中央研究院，希望繼續派人查找華羅庚的書稿，然而，聯大方面的去函，依舊如石沉大海，杳無音信。華羅庚氣得大病了一場，睡了整整半個月。大病初癒後，他又拖著病體去給學生講課，晚上依舊在油燈下工作到後半夜。

《堆疊素數論》中文手稿丟失後，華羅庚沒有馬上重寫第二稿。他在思考新的數學問題，很快完成了他的另一部著名的學術專著《數論導引》。完成這項工作後，在對整個數論學科進行重新認識的基礎上，他的論證更加嚴謹的《堆疊素數論》英文手稿誕生了。1944年，華羅庚的《堆疊素數論》英文版由蘇聯國家科學院出版。這是華羅庚在世界數學科學領域裏的成名作，數論學領域的新

星由此冉冉升起。當時他只有35歲。《堆壘素數論》的中文版直到1957年才終於和中國讀者見面。

1944年，由於戰爭形勢的變化，昆明附近很少再聽到空襲的警報聲，華羅庚這才告別了他在昆明西北郊普吉大河埂村住了整整3年的牛圈，回到城裏，住在一間瓦簷低矮、潮濕擁擠的破平房裏，繼續他的群論和矩陣研究。

1945年，矩陣幾何學作為一門新興學科正式誕生。它的創始人，便是在牛圈裏成長起來的中國數學家華羅庚。（李宏濤《精神的雕像：西南聯大紀實》）

這是華羅庚聯大時期的生活細節，他的政治生活是什麼情況呢？

徐利治從西南聯大做學生時，開始便與華、陳二位數學泰斗過從甚密。在徐利治的記憶中，作為數學家的華羅庚先生還有熱衷政治的一面。「華先生這個人對政治很感興趣。他在西南聯大跟我講過這話：他四十歲以後要從政，要搞政治。我當時還是學生，聽他講這句話，我感到很驚奇。一位著名數學家，為什麼對政治這麼感興趣呢？他對政治上的權位、職位很看重。他願意做頭頭。如果在政治上給他職位、權位，他是願意做的。我覺得華先生是入世派。陳省身先生也是入世派。許寶騄先生是位觀世派。」（徐利治口述；袁向東、郭金海訪問整理〈我所知道的華羅庚與陳省身——徐利治先生訪談錄〉，《書屋》2007年第5期）

華羅庚的勤奮給徐利治留下深刻的印象：「我每次到他家去都看到他伏在吃飯用的桌子上做研究。那時，我是隨機去的。這說明他不是在擺樣子給我看。他喜歡在飯桌上做研究，因為他的書房很小，桌子也不大。」

徐利治所說，華羅庚熱衷政治，大致不差。另據聞黎明的研究文章〈西南聯大國民黨籍教授對「一二·一慘案」的態度——讀華羅庚的一封信〉可知，1942年，聯大國民黨區黨部負責人姚從吾，

致函時任國民黨中央組織部長的朱家驊，要求朱家驊親自出面寫信給雷海宗、華羅庚二人，希望他們加入國民黨。於是，朱家驊特給華羅庚寫了一封語重心長的信。在這樣的情況下，華羅庚重新加入國民黨（1926年曾加入國民黨），正如他在給朱家驊信中所說，目的是為抗戰建國「盡其綿薄」。此時，正是全國團結、共同抗戰之際，華羅庚故有此語。

1943年3月，華羅庚相繼介紹聯大教授張文裕、孟昭英、范緒筠、趙九章、蘇國楨、王德榮及教員閔嗣鶴加入國民黨。同年9月，又介紹了聯大教授葉楷與雲大教授徐仁。此外，聯大教授李慶海、馬大猷，也是則華羅庚於1944年1月介紹加入國民黨的。介紹如此多的教授加入國民黨，是不是想在政治上有所發展呢？「他（華羅庚）對政治上的權位、職位很看重。他願意做頭頭。如果在政治上給他職位、權位，他是願意做的。」聯繫徐利治晚年回憶，可互相印證。

1945年，「一二·一慘案」發生後。華羅庚向已轉任國民政府教育部長的朱家驊寫信匯報。在這封信中，華羅庚並沒有因為自己是國民黨黨員，而對慘案真相有絲毫隱諱，而是客觀地記述了他所瞭解到的經過，並嚴肅指出「此次事變當局處置似甚為失當」，「甚使志士灰心意懶也」。聞黎明從華羅庚致朱家驊的信，考察當時聯大國民黨黨籍的聯大師生對「一二·一慘案」所持態度，得出結論：「正是這些事實，逐漸擦亮了人們的眼睛，使聯大國民黨員中一些有正義感的師生，最終走上了反對內戰、反對獨裁、要求民主政治的道路。」

聯大師生的文化和娛樂

教授的「葷段子」

1937年11月1日，長沙臨時大學正式開學。由於清華在戰前曾在長沙開始建築部分校舍，此時還沒有完工，長沙臨大主要租用長沙聖經學院的校舍。因校舍不敷使用，文學院改設在南嶽衡山。

潘光旦任教清華大學時，沈履（沈弗齋）曾任梅貽琦的秘書長。長沙臨大在湖南岳麓山建校舍。他們鄰居。有一回，潘的朋友沈弗齋半夜有電報到，郵差誤將「齋」認作「齊」字，在門外大叫：「屋裏有沈弗齊嗎？」吃早飯時，潘對沈說：「昨夜郵差大不敬，將尊兄的下半截割掉了。」同桌吃飯的人大笑不已，馮友蘭先生笑得噴飯。

現存的潘光旦手稿《存人書屋拊掌漫記》保留了當時烽火連天的形勢下，一群臨大教授苦中作樂的生活場景記錄。潘光旦記錄這些生活場景，很人性化，也富有自己的特色，那就是「性」趣昂然，常常說些既謔又雅的「葷段子」。隨手舉幾例如下：

其一：余與海宗（指雷海宗，潘光旦清華學校時期的同班同學，時任清華大學歷史系主任）離平到湘後，內子與海宗夫人皆不健筆，

來書甚少，余約計每月只一信，海宗則更少，四月中，所得只一函及二明片。某日與海宗晤，談及此事，余謂亦有法使彼等多作書乎？海宗搖頭曰：鞭長莫及。余不禁大笑，徐曰：鞭字有語病！

其二：之邁（指陳之邁，時任清華大學政治系教授）成婚之夕，眾大鬧洞房，化成（指王化成，清華大學政治系教授）頎然長者，獨不往。事後有人傳語謂化成實有苦衷。化成離平來湘，亦既四五月，怨曠之餘，曾求教於體育教授馬約翰先生，馬先生曰：可非法出精。於是非法出精之大議論，一時傳遍聖經學院。之邁之婚，同人自無不見獵心喜，而化成悵觸尤多，竟不入鬧房之夥，同人有扣之者，則曰：鬧房後歸聖經學校宿舍，獨自對火盆發愣，有何意味。此段問答某日傳至新圈，岱孫（指陳岱孫，時任清華大學法學院院長）味而善之，頻點首曰：對火盆以歎息。余亟應之曰：撫孤松而盤桓。

其三：清華在岳麓山建新校舍，余與芝生（指馮友蘭，時任清華大學文學院院長）、岱孫、嘉煬（指施嘉煬，時任清華大學土木工程系主任）等初次往觀。其旁有農業學校，校有蠶室，占清華新址之一角，正接洽出讓中。臨時大學開辦時，擬即以此為土木工程系之教員宿舍，余笑問嘉煬曰：公等何日可下蠶室？芝生喟然曰：「是真所謂文章誤我，我誤妻房！」

其一中的「鞭字有語病」，運用了「鞭」字在俗語裏暗指男性陽具的一層含義，造成了一語雙關的修辭效果。其二，陳之邁和黎錦熙的女兒黎憲初長沙結婚一事，可參見《吳宓日記》，黎憲初是和吳宓一行由北平到長沙，吳宓對黎憲初曾有短暫朦朧愛意。「非法出精」一語源自佛教，指手淫；以陶淵明〈歸去來辭〉裏的「撫孤松而盤桓」來對「對火盆以歎息」，不僅對仗工整，也和「非法出

精」的説法遙相呼應，隱喻「自慰」，十分明顯。其三的「蠶室」是一個典故，唐代李賢注《後漢書》云：「蠶室，宮刑獄名。有刑者畏風，須暖，作窨室蓄火如蠶室，因以名焉。」意思是説受過宮刑後的人怕風，喜暖，在地下室生火養病，生火的地下室就像養蠶的暖室一樣，後來就以「蠶室」來指代宮刑牢獄。這明顯是以典故來引起聯想，造成戲謔的效果。馮友蘭所説「文章誤我，我誤妻房」出自《琵琶記》唱詞，既是對潘光旦的回應，也巧妙地點出戰爭期間，妻離子散、流離顛沛的悲劇。

這樣的玩笑對於發掘古典文獻注釋《性心理學》的潘光旦來説，是自然的，沒有廣博和雅致，也不會有學者意氣相通的靈犀一點。

當年魯迅作〈中秋二願〉，其中之一是「從此眼光離開臍下三寸。」即使戰爭期間，恐怕也不容易。誰也無法把「性」和「人性」完全脱離。教授的「葷段子」，如果沒有佛學、陶詩和史記的背景知識，聽者準一頭霧水，哪裡笑得出來？今天的「葷段子」，娛樂就是「愚樂」，低俗，直白，真是圍繞「臍下三寸」，沒有一點文化含量了。

師生都愛泡茶館

「昆明有多大，西南聯大就有多大」，這是春城一度的流行語。聯大的圖書館條件簡陋，茶館便成了聯大學生延伸的課堂。聯大人還發明了「泡茶館」一詞。昆明本地話説「坐茶館」。「泡」是北方人的習慣用語，意指在茶館待很久，甚至廢寢忘食。許多同學的畢業論文都是在茶館裏完成的；不少老師在茶館裏批改作業；一些名家大師也是從茶館起步的。

汪曾祺最愛泡茶館，寫出不少妙文。

　　汪曾祺回憶聯大生活曾説：「我這個小説家是在昆明的茶館裏泡出來的。」李政道打比方説，聯大時期的昆明茶館有些像20世紀巴黎的咖啡館。趙瑞蕻説，「泡茶館」也成為聯大師生（尤其是學生）日常生活中的一個組成部分了。那時，聯大附近如文林街、鳳翥街、龍翔街等有許多本地人或外來人開的茶館，除喝茶外，還可吃些糕餅、地瓜、花生米、小點心之類的東西。

　　聯大的師生為何愛「泡茶館」？原因有二。其一，聯大讀書，沒有固定的教室，自修往往要找一個僻靜的地方。圖書館當然好，但常常沒有空座位（那時西南聯大有學生兩三千名，圖書館卻只能提供不到二百個座位，所以每天搶佔座位成了學校最熱鬧的事情）。宿舍裏光線太暗，陰冷，潮濕，同樣沒有書桌，而且也嘈雜。所以昆明的茶館成為聯大學生「延伸的課堂」。其二，有一段時期，昆明的電力超載很多，晚上用電高峰時間，電壓常降到160伏以下，白熾燈泡微微發紅，怎麼能看書呢？進茶館。

吳銘績的〈聯大生活追憶〉一文，生動地描述了當年聯大學生進茶館讀書的情形：

> 西倉坡下有個翠湖公園，離新校舍不遠，不收門票，遊人不多，坐在涼亭裏讀書確實不壞。園裏有一茶館，飲茶的桌凳就放在湖堤旁邊，桌子上常放著兩碟花生瓜子，數量少而價錢很貴。不過，坐在桌旁不泡茶，不吃花生瓜子，看看書做做作業，倒也不要緊。
>
> 昆明的電力超載很多，後來實行分區輪流停電，輪到拓東路停電，工學院的學生吃過晚飯，趕緊挾起書包往外跑，去尋找有電的地區的茶館。四人佔一張茶桌，一人一杯清茶，打開書包做起作業來。平時覺得昆明的茶館不少，但這時卻又感到太少。有時跑了大半個昆明城也難找到一席之地。茶館老闆看到學生佔茶桌很是頭疼，因為學生一坐下來，不到關門是不會走的。一宵生意就這幾個學生主顧了。當年的茶館老闆總算還能體諒我們這些窮學生，他們無可奈何，只是不再提壺來給你沖水罷了。不沖開水倒也不在乎，反正茶客之意不在水，而在借電燈之一縷微微光也。

「買一杯最便宜的普洱茶只要五分錢，而且有煤氣燈照明，最重要的是可以佔著位子坐一個晚上，讀書寫字十分清靜。」當時的學生周錦蓀說，「校園內沒有供應飲水的設施，去茶館還可順帶解決口渴問題。」茶館的大部分老闆都能理解流浪學子的苦處，有些茶館甚至針對學生，專門提供了「喝白開水只收費三分錢」的服務。

聯大學生泡茶館讀書、復習。「到了考試時，圖書館經常要很早就去佔位子，後來者就每每向隅，茶館裏的生意自然就更興隆了。」

讀書，溫習功課，然後，娛樂就在茶館，在茶館聊天，打橋牌，或者下棋。

　　茶館也是我們的殿堂。我們一邊飲茶，一邊虔誠地誦讀一部又一部文學經典，在茶香水氣裏領受心靈的洗禮。我們墜入沈從文描繪的如詩如畫的「邊城」，傾聽他那透明燭照的聲音、溫存的節奏和音樂，如醉如癡，流連忘返。有時竟忘了回學生食堂去吃飯，只得用花生米來充饑。何其芳的《畫夢錄》誘使我們作起「橫海揚帆的美夢」。法國作家紀德根據《聖經》故事改寫的《浪子回家》，篇幅不長，卻讓我對一個流浪漢靈魂的受難感同身受，便用「浪子」作起筆名來，下意識地嚮往於靈魂的歸宿。（巫寧坤〈西南聯大的茶館文化〉）

> 玩橋牌是最普通的娛樂，就只有茶館裏最適宜了。一張方桌，四把椅子，泡上幾杯茶，一包花生米，任你高興的時候吵鬧，牌壞的時候叫倒楣，都沒有人來管你。有客人來要招待或是幾個熟朋友要聊聊天，也只有在茶館裏，上至國家大事，下至教授們的怪脾氣，學校裏前幾年的軼聞瑣事，某個女同學又如何，你都能在茶館裏不勞而獲。
>
> 許多同學經常坐在裏邊泡杯茶，主要是看書、聊天、討論問題、寫東西、寫讀書報告甚至論文，等等。自由自在，舒暢隨意，沒有什麼拘束；也可以在那裏面跟老師們辯論什麼，爭得面紅耳赤（當然，我們經常也在宿舍裏或者在教室裏就某件事，某個人，某本書，某個觀點展開熱烈的辯論，爭個不休）。（趙瑞蕻《離亂弦歌憶舊遊》）

　　聯大學生泡茶館，還把這一風氣帶到聯大四川敘永分校。敘永分校缺少圖書館和閱覽室這些基礎設施，茶館仍是學生讀書的地方。四

川的茶館有個規矩，茶客臨時走開，只要把茶杯的蓋子斜扣在茶杯上，茶座就被保留下來，回來可再繼續喝茶。學生們就這樣花一杯茶的錢，坐上一整天。有時有的學生連茶錢也付不起，就只得來碗「玻璃」（即白開水），用它來佔座位，那就會變成不受歡迎的茶客了。大多數的學生寧願選擇城中的一座小公園和河灘空地作為他們溫習功課和切磋學問的場所。

和學生相比，聯大的教授泡茶館則是另外一種情形。趙瑞蕻在《離亂弦歌憶舊遊》書中回憶：「街上也有幾家咖啡店，我記得昆師門口有一家『雅座』；北門街上那個店叫做咖啡之家更神氣點。我記得燕卜蓀先生喜歡獨自坐在那兒，邊喝咖啡，邊抽煙，邊看書。」師生聊天的場所不限於茶館，剛走出小茶館，又在小吃攤相逢。師生們多半是走進一個小食店，隨意吃碗「過橋米線」或者餌塊（一種秈米做的白色糕，切成一片片的，配上佐料），那也是大家時常見面聊天的場所。

據當時讀聯大地質系的傅舉晉回憶，聯大師生關係融洽，常常一起泡茶館。中文系的汪曾祺和物理學家葉企蓀教授就常去泡文林茶樓。史地系的熊德基則常泡鳳翥街北口那家小茶館，地質系馬杏垣（傅舉晉親切地稱呼同學為老馬）常去泡的也是那兒。「那條小街上遍地牛糞馬尿，又狹小又骯髒，但對於經常冒風霜雨露、習慣於各種惡劣條件的地質工作者老馬，怎會在乎這些呢？更何況為了獲取藝術素材和深入勞動大眾的生活，他要去的不正是這種地方嗎？他們很少一個人去，多半是跟米士教授去。而那位穿著半舊西裝的洋教授，竟也不嫌那兒窩囊，成為不速之客。我經常在那兒遇到他們，兩人英語、德語夾漢語地談論著地質學上的問題和新發現。」傅舉晉提到的米士教授是聯大聘請的外教——德籍米士（Petep Misch），「說他在野外地質工作方面很有一套，聽說還攀登過珠穆朗瑪峰，不知確否」。傅舉晉在「茶館文化」的薰陶下，耳濡目

染，摭拾了一些地礦知識，也學會了一些零星的德語句子，因為那時他正在自學德語。

泡茶館泡久了上癮。汪曾祺的〈泡茶館〉文中寫到了一個「泡茶館的冠軍」。這個同學姓陸，一怪人，還是研究生，曾經徒步旅行半個中國。「他有一個時期，整天在一家熟識的茶館裏泡著。他的盥洗用具就放在這家茶館裏。一起來就到茶館裏去洗臉刷牙，然後坐下來，泡一碗茶，吃兩個燒餅，看書。一直到中午，起身出去吃午飯。吃了飯，又是一碗茶，直到吃晚飯。晚飯後，又是一碗，直到街上燈火闌珊，才夾著一本很厚的書回宿舍睡覺。」這個陸同學，和今天泡網吧玩網路遊戲的大學生相似，同樣的癡迷，當年的陸同學是讀書，今天的大學生是遊戲，沉迷不知歸途。

汪曾祺的記憶中，還有一個「茶仙」──有一姓朱的，也是研究生。他愛到處溜，腿累了就走進一家茶館，坐下喝一氣茶。昆明的茶館他都喝遍了。他不但熟悉每一家茶館，並且知道附近哪是公共廁所，喝足了茶可以小便，不至被尿憋死。

人分三六九等，茶館也有大小之分。正義路原先有一家很大的茶館，樓上樓下，有幾十張桌子。都是荸薺紫漆的八仙桌，很鮮亮。因為在熱鬧地區，坐客常滿，人聲嘈雜。所有的柱子上都貼著一張很醒目的字條：「莫談國事」。

李政道把昆明的茶館比作巴黎的咖啡館，是文人雅集之處，也是激發創作的地方。聯大學生在茶館寫論文和讀書報告，而汪曾祺在茶館寫過小說，答過考卷。有一次，汪曾祺於茶館西牆上發現了一首詩，一首真正的詩：

> 記得舊時好，
> 跟隨爹爹去吃茶。
> 門前磨螺殼，

　　巷口弄泥沙。

是用墨筆題寫在牆上的。有點類似古詩人，題詩於壁。這使汪曾祺大為驚異，他納悶，這是什麼人寫的呢？

　　大茶館有文藝演出，多是民間曲藝，有時唱圍鼓，吸引茶客，這叫「吃圍鼓茶」。茶館裏三教九流，各色人物，都有，汪曾祺泡茶館，豐富了人生閱歷，在茶館讀世閱人，為以後的文學創作打下基礎。沒有泡茶館的經歷，恐怕不會寫出汪氏獨特的小說，也不會有《沙家浜》「壘起七星灶，銅壺煮三江，擺開八仙桌，招待十六方，來的都是客，全憑嘴一張，相逢開口笑。過後不思量。人一走，茶就涼。」這樣膾炙人口的唱段。

　　泡茶館對聯大學生有些什麼影響？汪曾祺總結答曰：第一，可以養其浩然之氣。第二，茶館出人才。第三，泡茶館可以接觸社會。巫寧坤說，在烽火連天、無家可歸的歲月裏，茶館文化為我們提供了一個心靈之家，促進我們自由自在地茁壯成長。

　　汪曾祺還有一首詩，回憶當年泡茶館的時光：

　　　　水厄囊空亦可賒
　　　　枯腸三碗嗑葵花。
　　　　昆明七載成何事？
　　　　一束光陰付苦茶。

沈從文、施蟄存淘古董

　　當年昆明有一條佛（福）照街，夜幕降臨自成夜市，大約擺有五六十個舊貨地攤，每一個地攤上都點一盞電石燈，綠色的火焰照著地面一二尺，施蟄存說，遠看好像在開盂蘭盆會，點地藏香。這

圖上：沈從文與張兆和。
圖下：年輕時的施蟄存。

些攤主都是拾荒收舊者流，攤上的貨物，大多是家用器物，有五金、電料、零件、衣服和日用品之類，一般不會引起聯大學者的興趣，往往看一眼就走過，但偶然也會有意外發現。

沈從文初到昆明時，常和當時在雲南大學執教的施蟄存逛夜市，淘古董，在電石燈的綠光裏晃動著他們的身影。1939年1月，由國立北平藝專、國立杭州藝專合併的國立藝專遷到昆明，國立藝專校長滕固、雕塑家江小鶼，也經常逛福照街夜市的古董攤。幾個古董攤子都是古籍舊書、文房用品、古瓷玉飾、漆器繡品，還有象牙、琥珀、瑪瑙或大理石的雕件，外省來的人都擁擠在這樣的攤子前，使攤主索價日益見漲。

有一段時間，沈從文收得最多的是一種緬甸漆器，叫緬盒。有一次，沈從文在一堆盆子碗盞中發現一個小小的瓷碟，瓷質潔白，很薄，畫著一匹青花奔馬。他對施蟄存說，這是康熙青花瓷，一定有八個一套，名為「八駿圖」。沈很高興地花一元中央幣買了下來。施蟄存在〈滇雲浦雨話從文〉文中說：「這個康熙八駿圖瓷碟，引起了從文很大的興趣。他告訴

我，他專收古瓷，古瓷之中，又專收盆子碟子。在北平家裏，已有了幾十個明清兩代的瓷盆。這回到昆明，卻想不到也有一個大有希望的拓荒地。」1942年，沈從文在致施蟄存的信中說：「（緬盒）已經買到大大小小十多個了。瓷器也收了不少，八駿圖又收到二隻。」

沈從文買來的小件古董，並不獨賞，常和朋友和學生一起分享。看到朋友喜歡時，沈從文就慷慨地送人。

沈從文淘古董，有時動員他的妻妹張充和一起去。當時張充和的工作是專職編教科書，這項工作由楊振聲負責，沈從文是總編輯並選小說，朱自清選散文，張充和選散曲，兼做注解。張充和對古董不大感興趣，她知道「沈二哥」拉她一起去的目的，一是回家合謀謊報古董的價格，以免姐姐張兆和生氣；二是張充和逛的高興了，可以大方地掏錢代他買下。張充和回憶聯大復員回北平後，沈從文和朱光潛相約一起去買古董，並謊報價格「騙」老婆。

文人愛書，儘管手頭拮据，卻又愛光顧舊書店。沈從文除了淘古董，也買舊書。1945年10月5日，沈從文購得中華書局1936年版《漆器考》。他在此書上批註，「從槍聲盈耳中購來」，「書過於簡率不合用。多錯誤，少材料。」

施蟄存在昆明夜市買過兩方古繡件，好像是從朝衣補褂上拆下來的，是沈從文勸他買下，花了四元中央幣。後來，施送給了林同濟的美國籍夫人，她用來做茶几墊子。施蟄存還熱衷於搜尋緬刀和緬盒（帶動了沈從文，沈見到就買），因為他早先在清人詩集以及筆記裏讀到，雲南人一般在緬甸經商都要帶回緬刀送男子、緬盒贈婦女。施還買過一個有三格的小緬盒，朱漆細花，與江南古墓中出土的六朝奩具相仿。

1940年3月，施蟄存離開了昆明。福照街，這一聯大學者淘古董的好去處，也沒有逃脫被日寇轟炸的命運。1941年2月3日沈從文

自昆明覆函施氏，還提及福照街，其中寫道：「金碧路毀去三分之一，小東門、平政街、螺峰街尾各毀去一部分，正義路上半段炸毀約二三十鋪面，佛照街損失相差不多。文化巷大半毀去，錢局街情形約同。文林街近大西門一段毀去，雲大、聯大各毀一部分。」

1988年，沈從文遽歸道山，施蟄存聞訊連夜寫了一幅輓聯，托老友包謙六先生書好，寄給張兆和女士，以示哀情。輓聯曰：

> 沅芷湘蘭，一代風騷傳說部；
> 滇雲浦雨，平生交誼仰文華。

「滇雲」指兩人在昆明的交遊。施蟄存寫這輓聯時，會想起兩人一起淘古董的經歷吧。

馮友蘭喜歡收藏舊兵器

在抗戰前的北平，多數學者愛收藏。清華大學化學系教授、化學史家張子高喜歡收藏古墨，是著名的古墨收藏家、鑒定家。他一生寫了許多古墨研究和考證文章，他同葉恭綽、張　伯、尹潤生三位收藏家合編了《四家藏墨圖錄》一書。清華大學教授、美術史家鄧以蟄（清代書法家鄧石如之子、兩彈元勳鄧稼先之父）喜歡收藏字畫，曾對故宮博物院的字畫作鑒定。這兩位先生的收藏方向，受職業影響。楊振聲喜歡買字畫，沈從文喜歡淘古董，則純粹是個人的精神趣味。

搜集舊書幾乎是治文史學者共同的癖好，錢穆、張蔭麟、吳晗在北平都收藏了數目可觀的古籍和史書。有一個小故事，令人莞爾一笑，可以看出那時學者搜舊書的癖好。一次，國立北平圖書館館長袁同禮要清華大學教授蔣廷黻陪他去一位私人收藏家那裏。他們

一起相互監視，找資料時，袁問蔣對哪一方面特別有興趣。蔣找到兩本小冊子，一本是《文祥年譜》，一本是有關鴉片買賣的書。袁似乎不感興趣，蔣私下很高興。兩人分手後，袁回圖書館，蔣回俱樂部。蔣隨即轉回去想買那兩本書，當他半小時後趕到書主處購書時，主人告訴他，袁先生已經捷足先登把書買走了。

北大經濟學教授趙迺摶，在聯大講授「經濟思想史」。雖然是留美經濟學家的傑出代表，但是，趙迺摶卻仍然是中國人的作風和裝束。他褪色的藍布長衫有一半被長髯遮住。他經常即興賦詩解釋自己的觀點，興味盎然地引用中國詩文，煞費苦心地用中國術語解釋西方商業週期。趙迺摶能夠信手拈來古詩，和他喜歡舊詩有關。

趙迺摶以藏書豐富自傲，收藏線裝書已到很高的境界。他曾講一個故事：某教授在美讀書時，買到一本最近出版的舊書，頗為自得，他用打油詩來嘲笑他的無知，詩曰：「翁仲如何作仲翁，皆緣書讀欠夫功，馬金堂玉應難到，只好蘇姑作判通。」蓋蘇州曾有一通判，看見墳前翁仲說成仲翁也。

馮友蘭的愛好是收藏舊兵器，有點出人意料。聯大時期的馮友蘭戴眼鏡，著長衫，留長髯，說話急的時候有點結巴。做事情「不著急」的哲學家，授課之餘，不是舞文弄墨，而是舞刀弄槍。

馮友蘭為何有這樣一個獨特的愛好？他在自述中說：「我家裏的上輩，有一代是習武的。在我的祖母的房裏，遺留下來許多兵器，我小的時候常同堂兄弟們拿出來玩。家裏有個護院的拳師，教我們使用這些兵器，所以養成一種愛好。」

在戰前的北平，馮友蘭喜歡逛古董鋪，「我所收羅的並不是夏鼎商彝，而是明清兩代遺留下來的舊兵器」。東四牌樓附近有一個小巷，叫弓箭大院，是從前製造弓箭的地方。馮友蘭在那裏收羅了上百支的箭，箭有各種各樣的箭頭，特別是響箭，製造精緻。

「這些東西，我藏有幾百件，曾在清華開過一次展覽。解放以後，我都捐獻給歷史博物館了。歷史博物館又把它轉送到別的博物館去了。」

抗戰期間大部分時間住在昆明。昆明有一條文明街，有個擺舊貨地攤的夜市。馮友蘭經常去那裏逛，有時買舊兵器。馮友蘭的長子馮鍾遼回憶起父親在昆明的生活時，在〈父親馮友蘭先生收集的兵器〉文中講了一個故事：

> 有一次買回來了一柄像匕首而無刃的無刃刀。刀身窄扁。平刀頭沒有尖，也許可以當改錐用。刀柄做得很考究。刀柄中空，做工有似象牙的雕鏤方法，可是是鐵做的。用玲瓏別透形容刀柄就很恰當。我也覺得那把刀有意思，就把它夾在書包裏帶了去學校。我那時候住校。下課以後在宿舍拿刀出來看。一位同學問我在幹什麼。我說這個東西很有意思，可是不知道是幹什麼用的。同學拿刀一看，忍不住大笑。說這是把煙刀，挑煙用的。我知道很多同學家裏有煙具，當然深信不疑。週末把煙刀拿回家去，放回原處。父親後來是不是也知道那是把煙刀？我是沒說，我也沒問。

馮鍾遼的文章也提到了馮友蘭藏舊兵器展：

> 按照我的記憶，抗戰將要開始的時候，在清華收集的那些兵器都捐送給了燕京大學了。大約在捐贈以前，在清華大學舉行了一次展覽，也有一說，展覽是在復員後舉行的。以後可能又轉到了有關部門。家裏有一幅文化部頒發的獎狀，言明收到馮友蘭先生捐贈各式兵器六百一十九件，紙上的時間是1959年。最近在歷史博物館找到了這批兵器。妹妹宗璞曾去

看過，見保存完好，還是從前的
老樣子。應該說這是它們最合適
的去處。

「馮友蘭先生捐贈各式兵器六百一十九
件」，這個數目不小，想來是他幾十年
收藏積累下來的。昆明時期，馮友蘭在
古董攤上淘舊兵器，在書房玩賞刀劍，
讓人想起「男兒何不帶吳鉤，收取關山
五十州」之句。或許，在聯大學者的精
神深處，都有辛棄疾式的夢想，「醉裏
挑燈看劍，夢回吹角連營。……馬作
的盧飛快，弓如霹靂弦驚。」在國難
方殷之時，文人有陸游式的「佩劍情
結」，這也是中國詩詞中的一個抒懷
傳統。

聯大教授愛崑曲

聯大的教授愛好崑曲，在戰時的昆
明，筆者收集到很多這方面的資訊。先
來瞭解一下崑曲。崑曲原稱崑山腔，簡
稱崑腔，最初是江蘇崑山一帶民間流行
的南戲（宋、元時流行於南方的一種戲曲，
為區別於北方的元雜劇而稱為南戲）的清唱
腔調，數百年來對許多地方戲曲都有深
而且廣的影響，是我國最古老的聲腔之

合肥四姐妹都雅好崑曲，抗戰時
期，張兆和（後右）張充和（後
左）都曾客居昆明。

一。因此，一般文人學士喜歡把崑曲作為古代戲曲音樂的活化石來欣賞，來品味。

清華大學遷移長沙和昆明之前的戰前歲月，俞平伯許寶馴夫婦好崑曲，以他們夫婦為中心，吸引了崑曲知音，浦江清、許寶騄、沈有鼎、朱自清的夫人陳竹隱、譚其驤等人，他們成立「清華谷音社」，俞平伯發起並任社長，定期雅集。

在戰時的昆明，從北平而來的教授、文人、藝術家，不乏愛好崑曲者。我們不妨透過老舍到昆明訪問時的日記，看看聯大教授們戰時的文化生活。

> 許寶騄先生是統計學家，年輕，瘦瘦的，聰明絕頂。我最不會算術，而他成天的畫方程式。他在英國留學畢業後，即留校教書，我想，他的方程式必定畫得不錯！假若他除了統計學，別無所知，我只好閉口無言，全沒辦法。可是，他還會唱三百多出崑曲。在崑曲上，他是羅莘田先生與錢晉華女士的「老師」。羅先生學崑曲，是要看看制曲與配樂的關係，屬於那聲的字容或有一定的譜法，雖腔調萬變，而不難找出個作譜的原則。錢女士學崑曲，因為她是個音樂家。我本來學過幾句崑曲，到這裏也想再學一點。可是，不知怎的一天一天的度過去，天天說拍曲，天天一拍也未拍，只好與許先生約定：到抗戰勝利後，一同回北平去學，不但學，而且要彩唱！

老舍文中提到的聯大教授，當時住在昆明青雲街靛花巷。錢晉華女士是聯大外文系教授袁家驊（1903-1980，著名語言學家，在聯大開展對西南地區少數民族語言的調查和研究）的夫人。羅莘田是老舍的好友羅常培，羅常培去世後，老舍在悼念文章中，也提到他唱崑曲：「他會

唱許多折崑曲。莘田哪，再也聽不到你的圓滑的嗓音，高唱《長生殿》與《夜奔》了！」

查浦江清1943年日記，也見有教授們唱崑曲之記載。元旦那天：「晚飯後，陶光來邀至無線電臺廣播崑曲，幫腔吹笛。是晚播《遊園》（張充和）、《夜奔》（吳君）、《南浦》（聯大同學），不甚佳。」

浦江清是聯大中文系教授，專講「詞選」、「曲選」等課程，對崑曲有精深的研究，對唱曲要求高，故有「不甚佳」的評語。

去電臺唱《遊園》的張充和小姐，是合肥張家四姐妹之一，她是沈從文夫人張兆和的妹妹。張家四姐妹都喜歡崑曲。張充和在昆明生活一段時間，去了重慶，從《梅貽琦日記》可知，梅貽琦出差到重慶，張充和常來拜訪，有時，為梅校長清唱崑曲。

據時任聯大中文系助教的吳曉鈴（後成為著名古代小說戲曲研究專家）〈罷教風波〉一文回憶，羅常培曾將拍曲搬到中文系的課堂。1942年，昆明百物昂貴，衣食維艱，聯大的講師、講員和助教們，因生活困難，中文系「講助」罷教，要求聯大常委會予以每月額外津貼國幣二百元。吳曉鈴、李廣田、趙西陸等人簽名的罷教呈文交給了中文系主任羅常培。吳曉鈴擔任的中文系文學組大四必修課程「雜劇與傳奇」停了下來，羅常培代課，只好教學生拍曲。「唱《長生殿》的〈彈詞〉[南呂一枝花]：『不提防餘年值亂離，逼拶得岐路遭窮敗……那裏是高漸離擊築悲歌，倒做了伍子胥吹簫也那乞丐。』倒也情景交融。當時班上有朱德熙（北京大學副校長）、吳宏聰（中山大學中文系主任）、林元（《文藝研究》責任者）、鄭臨川（某校中文系主任）和現在與我共事的范寧等人，大約還都記得弦歌不輟的講堂，至少朱德熙傳了莘田師的衣缽，他現在還在北京大學提倡崑曲。」

吳曉鈴在回憶文章〈在昆明粉墨登場〉還提到崑曲義演。1940年，昆明大戲院，「北平八個中學校友會」舉辦義演。吳曉鈴回憶演出的盛況：

> 原定兩天的「中軸」小武戲都叫我擔當，全是崑曲，頭天《麒麟閣》，第二天《林沖夜奔》。我辭了《林沖夜奔》，因為短打戲容易丟醜。《麒麟閣》的場次應該是《盜印代激秦》、《三擋老楊林》、《九戰魏文通》和《逼上瓦崗寨》。我把《激秦》和《九戰》都「抹」掉，《三擋》只和楊林對打了一套「燈籠泡」便敗下陣來，接著由家班的武行們大開打，然後秦瓊再上場唱[尾聲]：「權向山林學辟世，大英雄怎做束手攢眉！早打點揭地掀天，圖形在麒麟閣裏。」我喜歡這幾句人處逆境而昂首揚眉的志氣不短的氣概。
>
> 那天，請了幾位客人給我捧場，所謂送「紅票」的是。有先師羅莘田（常培）先生、系裏的同事校勘學專家許駿齋（維遹）大哥，還有現在雲南大學中國語言文學系任教的全振寰大姐，她是天潢苗裔溥侗（紅豆館主）的崑曲學生，有真本事，不像我是個「棒槌」，至於汪曾祺，看來是買的票。

　　吳曉鈴粉墨登場並不只是做票友、過戲癮，作為治戲曲的學者，通過舞臺實踐增強對戲曲的感性認識。他認為：「從事戲曲的教學和研究不同於搞詩、詞、散文。戲曲這種綜合性藝術的文學樣式是具有立體感的。衡量一本劇作是『場上之作』還是『案頭之作』，是成功還是失敗，必須在腦子裏、眼睛前展現著一座舞臺，上面有人物在活動，才能得出公允的評價。」

　　與崑曲相比，查閱到的聯大師生與京劇的資料少。毫無疑問，北大和清華的教授喜歡京劇，像楊振聲、梅貽琦等人都愛好京劇。西南聯大有一個京劇團，班主是汪曾祺的好友楊毓珉。

　　秦泥執筆的〈聯大敘永分校生活紀實〉文中提到，當時娛樂活動極端缺乏，1941年春節，學校放假唱了幾天京戲，戲班子是愛好京劇的同學自己組織的。在敘永分校就讀的張之良在〈我的大學生活〉文中也寫道：

> 春節到了，由楊振聲教授支持唱了五天京戲。記得有一個劇目是《蘇三起解》，是工學院姓王的同學主演，他在北平時，從小在家請家庭教師教戲，所以表演唱腔均好。後來這位同學中途輟學，參加中印空運工作，在一次飛機失事中犧牲了。

聯大學生的崑曲之好

　　楊毓珉在〈汪曾祺的編劇生涯〉一文中回憶：他們幾個愛好文藝的同學組織「山海雲劇社」（社長是哲學系周大奎），1942年暑假，演出了曹禺的《北京人》，楊毓珉負責舞臺設計，汪曾祺專門管化妝。演出成功，還掙到不少錢。

　　1942年下學期，楊毓珉和汪曾祺同時聽《中國文學史概論》，講到詞曲部分，老師和學生一起拍曲子（唱崑曲）。楊毓珉回憶：「曾祺很聰明，他能看著工尺譜吹笛子，朱德熙唱旦角，⋯⋯我記得最最常唱的曲子是《思凡》，德熙唱的那幾句『小尼姑年方二八，正青春被師傅削去了頭髮⋯⋯』真是纏綿淒婉，楚楚動人。」

汪曾祺最喜愛的課外活動是，演戲和唱崑曲，特別是唱崑曲。當時雲南大學中文系有幾個同學成立了一個曲社，汪曾祺不僅聞訊參加，而且很快成為這個曲社的積極分子。幾乎每次曲社活動（拍曲子、開曲會），都少不了汪曾祺。教學生拍曲子的主要教師是陶光，他是西南聯大中文系教員，教《大一國文》的作文。吹笛子的是歷史系教員張宗和。每次做「同期」（崑曲愛好者約期集會唱曲），吸引了聯大、雲大的許多師生。特別是一些馳名學術界的教授、學者也來曲社參加活動。這些名人教授中有些本身就是崑曲大家，不只會唱一般的曲子，如數論專家許寶騄，他是俞平白先生的夫人許寶馴的弟弟。有一次，許寶騄聽汪曾祺唱了一支曲子甚為欣賞，主動提出教汪曾祺一齣《刺虎》，汪曾祺當然高興。那天，汪曾祺按時去了，許先生沒有說多少話，就拍起曲子來：「銀臺上晃晃的風燭炫，金猊內嫋嫋的香煙噴……」汪曾祺覺得許先生的曲子唱得很大方，他的「擻」特別好，搖曳生姿而又清清楚楚，這印象幾十年也沒有忘記。（陸建華《汪曾祺的春夏秋冬》）

　　聯大學術自由，對學生的管理也比較寬鬆。汪曾祺回憶自己大學經歷時，自嘲地說，考入大學，成天「泡茶」。他經常蹺課，有時，深更半夜，他端坐大樹的樹枝之上，對著明月吹笛，一度被視為聯大學生中的另類。

　　「嚶其鳴矣，求其友聲。」汪曾祺的好友朱德熙，也是非常喜歡崑曲。讀聯大時，朱德熙與何孔敬談戀愛，兩人帶著乾糧，在大觀樓茶館，朱德熙教何孔敬唱崑曲，一唱就是一天。此後一人吹笛，一人吟唱，成為夫妻之間的樂事之一。

　　1941年朱德熙住在文林街地藏寺巷2號，那裏成了他和師友的文化沙龍。聯大的老師楊周翰、王還夫婦、單身教師李賦寧、大絡腮鬍子沈有鼎是常客。李賦寧會拉琴，隨時拎一把胡琴唱京戲。而朱德熙的好友文學才子汪曾祺，來吹笛子，唱崑曲；朱德熙的好友

鄭僑（鄭孝胥的孫子）常年穿一件藍布長衫，油光光的，毫不在乎，紅光滿面，很有精神。可見，唱崑曲，演話劇，看電影，是當時聯大師生的重要文娛活動。

聯大師生多半生活清貧，但在百物飛漲、人心浮躁之際，能平平靜靜地做學問，並能在高吟淺唱、曲聲笛韻中自得其樂，對復興民族大業不失信心，不頹唐，不沮喪，算得上是濁世中的清流，激流中的砥柱。

苦中作樂打橋牌

在朱自清的日記中，經常看到清華大學教授打橋牌的記錄。1939年3月4日，他在日記中寫道：「打橋牌，大家決定下下星期起，兩週一次橋牌例會。我老是輸，甚灰心。」一個星期後的3月11日，朱自清「閱完試卷，在柳家橋牌」。柳家，大概指柳無忌家，朱自清穩定的牌友是浦江清。4月23日，星期天，朱自清參加陳福田以及陳岱孫的橋會，並在那裏吃晚飯，菜飯甚佳。

清華大學教授閒暇打橋牌在戰前北平是平常的娛樂，他們將這一娛樂活動延續到昆明。不僅文科教授喜歡，理科教授似乎更愛打橋牌，甚至上癮。我們來看一看聯大理科教授如何打橋牌。

陳省身來西南聯大不久，他的南開同學、北大物理系教授吳大猷也來到該校。

1946年，朱自清從昆明返回清華園後，與友人作「橋戲」。左起：邵循正、朱自清、吳晗、浦江清。

戰爭初期，生活已很艱苦，但教授們還能苦中作樂。每逢週末，緊張工作之餘，在吳大猷家有兩桌橋牌「牌戰」。陳省身是常客之一，在南開時他就以擅打橋牌著稱。吳大猷夫人阮冠世也是橋牌高手。唯有吳大猷的水平不及格，僅能在一旁觀戰。他自己並不喜歡打牌，只是為了讓別人快活而已。有時「清華隊」向「北大隊」挑戰，事前說好，輸的那隊就做當天晚餐的東道主。晚餐雖無美味佳餚，但以量取勝，餐後總有剩餘，大家便讓最年輕的陳省身和大肚漢吳大猷負責「掃蕩」。

吳大猷在其著《回憶》中寫道這一段難忘的時光：

> 1939年冬，我又從北倉坡遷到西倉坡若園巷，那是當時內政部周部長的住宅。周大少奶，正好是我在密大的同學袁丕濟的侄女。我們和程毓淮兄嫂分住在正樓下的五間房子裏。我們由原先次長的房子，跳到部長的房子，也可算是「高升」了。
>
> 我們每週末都有兩桌牌戰（橋牌），常客有陳雪屏、陳省身、劉晉年等。冠世很喜歡打橋牌，可我的「技術」都不及格，只好坐在一旁，一有空就做些打字等不需要專心的工作。有時湯佩松等帶來的「清華」隊和我們作所謂duplicate橋牌戰，事先約定好，輸的一隊，就做那晚晚餐的東道主。他們來挑戰，我們總可以大吃他們一頓，到底大家都是文人，胃口均不是很大，加之菜又預備得多，因此每頓都有很多剩餘。這樣大家都挑了我很陳省身二人，由我們負責「掃光」。

打橋牌在學生中也盛行，有時，師生同樂。聯大外語系學生許淵沖在回憶錄中寫道：「我約陳省身、許寶騄兩位教授打過橋牌，因為

錯把『三無將（3NT）』改打『四紅心（4H）』，失去了戰勝兩位數學大師的機會。」

打橋牌本是一種消遣，如果上癮，可能影響到同事的休息，吳宓對牌戰就大發牢騷。

1941年前後，吳宓住玉龍堆聯大教授宿舍。住玉龍堆宿舍的大多是單身教授，多人共居一室或裏外間，難免相互干擾。吳宓與陳省身（數學系教授）住裏間、外間很亂，通宵打橋牌、抽煙是常有的事。試看1941、1942年吳宓日記中的幾則：

> 11月18日晚8：00寢，而諸人在堂中鬥牌吸煙，致宓直至夜半不能入寐。煙刺宓腦齒並痛，苦悶極矣！
>
> 1月9日，外室諸人鬥牌喧鬧至深夜。
>
> 1月24日，是日，同舍諸君，共客在外室鬥牌，凡二桌，自下午2：00至夜1：00，喧鬧特甚。

聯大外文系美籍教授溫德熱愛中國，生活在中國多年，對中國的情形相當瞭解。似乎對教授打橋牌頗有微詞。某日，吳宓去雲瑞中學看望溫德：「又談國事。Wingter謂世界古今，當國家有大戰，危機一發，而漠然毫不關心，只圖個人私利，或享樂者，未有如中國人者也！」

溫德的批評很有道理。有的聯大教師癡迷打麻將，以致小偷乘空而入竟不知。作為教務長的潘光旦，寫了一封信貼在他們客廳的門柱上，大意是希望他們玩要有「度」。又說：其實打麻將沒有什麼不好，娛樂一下也不錯。我也喜歡打，偶爾玩玩，只是應當找個合適的時間。最後說如果各位有興趣的話，不妨找個禮拜天，到捨下摸幾圈如何。他這種幽默的批評，曉之以理，動之以情，大家會心一笑。從此，濫打麻將的現象不再發生了。

《上學記》封面

看電影

不論任何時代，大學生最喜歡的娛樂，莫過於看電影。聯大的學生愛看電影，還有經濟方面的考慮。

> 除了玩橋牌之外，電影也是聯大同學最普通的娛樂。因為物價的高漲，音樂活動在這裏僅限於唱唱歌，或是到美國領事館及附近的學生服務處、文林堂聽聽唱片音樂；而運動方面，打打球還要考慮到鞋子的「損耗」，其他就更不必道了。（趙辛田〈我住在新校舍——聯大的衣食住行及其他〉）

何兆武在《上學記》中回憶道：「在昆明的時候時常看看電影，而且也不貴，一個月總可以看上兩三次，昆明七年我大概看了總得有兩百多場。當時有一家南屏電影院是新建的，設備很新，影片也都是最新的。」

當時放電影，也有國民黨的思想教育滲透。每次演電影前先放一段國歌，「三民主義，吾黨所宗，以建民國，以進大同……」大家起立，螢幕上依次放映國

父孫中山、國家主席林森和蔣介石委員長的像，接下來才是看電影。

電影分為幾種，一種是時事性的紀錄片，比如隆美爾和蒙哥馬利在北非的沙漠之戰，再比如1945年2月的雅爾達會議，片子很快就公映了。

另一種是故事片，很多是描寫二戰的，像《卡薩布蘭卡》（當時叫《北非諜影》）、《魂斷藍橋》，再比如《東京上空30秒》，那是頂新的片子，1941年底日本偷襲珍珠港，第二年春天美國就炸了東京，電影裏演的就是那次轟炸。在何兆武的記憶中，還有一部電影講二戰海戰的，看了以後才知道，那些潛水艇裏的人要時常照日光燈，補充一些紫外線。

文藝片很受聯大師生的歡迎。《簡愛》、《亂世佳人》，都在昆明上映。還有音樂片，像講施特勞斯的《翠堤春曉》，音樂非常好，有聯大學生看了五六遍，裏邊的插曲大學生都會唱。《葡萄春滿》（New Wine），講的是舒伯特的一生。還有《一曲難忘》（A Song To Remember），寫蕭邦的。演蕭邦老師的是Paul Muni，演喬治·桑的是Merle Oberon，都是當時非常有名的演員。後來Merle Oberon和Laurence Olivier合演了《呼嘯山莊》，Laurence Olivier和Joan Fontaine合演了《蝴蝶夢》（Rebecca），都是當時有名的片子。

看電影的一大樂趣是品評、欣賞電影明星。1945年、1946年，昆明上映的影片中，Ingrid Bergman、Claudette Colbert、Spencer Tracy、Paul Muni、Greer Garson、Vivien Leigh是聯大同學最欣賞的明星，也有人欣賞Betty Grale一流人物，但決沒有人欣賞Carmen Mirenda，從這上面我們可以看出一點聯大同學的愛好。（趙幸田〈我住在新校舍——聯大的衣食住行及其他〉）

值得一提的是，電影片名的翻譯，和林紓翻譯的外國名著的名字非常相似。何兆武說：「據說當時擔任電影片譯名工作的是吳宓

老師，不知確否，不過從某些片名來看，如《卿何薄命》、《魂歸離天》（兩辭皆出自《紅樓夢》）之類，很像是吳先生的風格。」

聯大理工學院靠近拓東路。拓東路是昆明繁華區的東南邊緣，西端是南門外的金馬碧雞牌坊，東端則建有一個大體育場，其中心是一個足球場，可自由使用。馬路可通行雙向的大卡車，街道兩旁有不少商店飯店等，附近有兩個電影院，院內設有同聲翻譯設備，觀眾可直聽原聲和當地較土的「官話」口譯。

汪曾祺剛到昆明時，電影院裏放的都是美國電影。有一個略懂英語的人坐在包廂（那時的電影院都有包廂）的一角以意為之的加以譯解，叫做「演講」。有一次在大眾電影院，影片中有一個情節，是約翰請瑪麗去「開餐」，「演講」的人說，瑪麗呀，妳要哪樣？樓下觀眾中有一個西南聯大的同學大聲答了一句：「兩碗悶雞米線！」這本是開開玩笑，不料「演講」人立即把電影停住，把全場的燈都開了，厲聲問：「是哪個說的？哪個說的？」差點打起群架。

看電影，本是娛樂，但有時也不可避免地和政治鬥爭聯繫起來。1945年4月，聯大學生準備隆重紀念「五四」的計畫一經宣佈，國民黨雲南黨部就緊張了。他們一面通過昆明市政府密令各學校阻止學生參加，一面嚴令各報刊不得刊登聯大紀念「五四」的消息。同時還讓昆明3家電影院贈送5月3日、4日電影票2,800張給學生，企圖以此干擾破壞紀念活動。地下黨組織立即在訓導處門邊牆上貼出「大字報」，抵制這個活動。「大字報」稱，免費票計畫是三民主義青年團的陰謀詭計，其實是國民黨省黨部利用公款買的票。看到領電影票這個告示，有學生當場把票撕掉，並把票根貼在牆上；工學院學生決定全體拒絕贈票，並用數學公式說明其原因：「電影票錢＝一斤豬肉＝大學生的靈魂？！」聯大的學生識破了他們的陰謀，原想拒絕領票，後來，有人建議把電影票轉給難得看上

電影的傷兵、居民和流浪兒，於是，由學生自治會一起領票，並照此辦理。

關於電影票鬥爭最後的話是聯大的歷史系吳晗教授說的。他說，在義大利，墨索里尼曾對捕捉他的人說，「別殺我，我會給你一個王國。」在中國，卻是「別開會，我會給你一張電影票」。

抗戰時期的昆明，看電影，對於大學生來說，如果沒有空襲，不是困難的事情。但對於鄉下的孩子來說，電影是稀奇的。楊振寧就讀西南聯大，週末從聯大回到龍院村，住在村裏的聯大教授吳有訓的孩子吳惕生、吳希如、吳再生、吳湘如，趙忠堯的女兒趙維志，余瑞璜的女兒余志華、余裴華等，都喜歡聚集到楊家來，聽楊振寧講英譯的故事金銀島、最後的摩西根等。更有趣的是，楊振寧還同清華園裏的玩伴、雲南大學校長熊慶來之子熊秉明合作，熊秉明畫連環畫，楊振寧在舊餅乾筒圓口上裝一個放大鏡，筒內安裝一隻燈泡，讓連環畫從放大鏡前抽過，於牆上形成移動的人物，製成遭到飛機轟炸的「身在家中坐，禍從天上來」等土電影，給難得有機會看電影的孩子們開開眼界。

聲光電影七十載，那青春的印記和影像，封存在經典電影之中，那裏面有聯大學人的淚水和歡笑。

聯大學者律詩中的
碎年流影和時代精神

南渡詩抄

1937年，七七事變爆發後，沒有多久，北平淪陷。北大、清華和南開的師生不願當亡國奴，紛紛南渡。馮友蘭是和吳有訓一同走的。到了鄭州，碰上了熊佛西。馮友蘭邀他們到館子裏吃黃河鯉魚。馮友蘭説：「此一去，不知何年何月才能回來，我們還是先吃一頓黃河鯉魚吧！」

他們在館子裏飽啖了美味，心中卻不免有一種悵然之感，猶如感受了一次失卻家園之恨。

熊佛西喜歡養狗，吃飯時他講了許多關於狗的故事。他説，北平許多養狗的人家，人走了，狗沒法子帶，只好忍痛拋棄了。那些狗，雖被主人遺棄了，卻還守在門口，望著空空的院子不肯離開。他説著，不勝感慨。馮友蘭説：「這就是所謂喪家之犬，我們不就是喪家之犬嗎？」説著，大家不禁唏噓慨歎。

1937年底，北大、清華、南開三校組成的長沙臨時大學開學。馮友蘭和臨大的學者遊覽衡山，拜謁南嶽二賢祠。二賢祠建在方廣寺旁，為紀念宋代張栻和朱熹聚會論學而立，二賢祠的嘉會堂上掛

一匾，上書「一會千秋」。馮友蘭遊二賢祠，「懷時賢之高風，對當時之巨變，心中感發，不能自已」，於是吟詩二首：

> 二賢祠裏拜朱張，一會千秋嘉會堂。
> 公所可遊南嶽耳，江山半壁太淒涼。

> 洛陽文物一塵灰，汴水繁華又草萊。
> 非只懷公傷往跡，親知南渡事堪哀。

之所以說南渡事哀，是想起「永嘉之亂」晉人、「靖康之變」宋人南渡的往事。當時，日軍步步緊逼，大片國土淪喪，政府、大學搬遷西南。此詩是馮友蘭懷古傷今而作，道出了當時知識份子的沉痛心聲。

1938年2月17日至25日，臨時大學遷往昆明，馮友蘭、陳岱孫、朱自清等人途經桂林、柳州時，乘船遊覽了桂林山水。桂林山水甲天下，風景如畫，但南渡的一行人，並不能盡興而遊。縴夫和呼號與水上的漁歌，讓他們感覺哀傷。戰爭的陰影像噩夢一樣壓在心頭，在此期間，朱自清的日記中有這樣的記錄：「做一惡夢。在夢中我幾乎死去。」2月25日，朱自清作〈灘江絕句〉：

> 招攜南渡亂烽催，碌碌湘衡小住才。
> 誰分灘江清淺水，征人又照鬢絲來。

查朱自清日記，朱自清還有律詩寫灘江風景，有「上灘哀呼動山谷，不是猿聲也斷腸」之句，哀民生之艱，歎江山如畫，也夾雜著大好河山被倭寇入侵的隱憂。

1938年2月，馮友蘭、朱自清一行快到鎮南關時，馮友蘭經過憑祥縣城時出了意外——左臂碰到城牆骨折。在河內一家法國醫院接受治療，馮友蘭躺在病床上，什麼事情也不能做，腦海裏浮現北平失陷之後的事，寫了一些舊體詩。大部分都忘記了，馮友蘭在《三松堂自序》中收錄了三首：

> 兵敗城破日已昏，拋妻捨子別家門。
> 孟光不向門前送，恐使征人見淚痕。
>
> 水盡山窮路迂環，一車疾走近南關。
> 邊牆已滿英雄血，又教書生續一斑。
>
> 窗外驕陽升復沉，淹留不料到如今。
> 未問南行諸友伴，可都順利勝風雲？

馮友蘭詩中透露出那一代學者南渡時的心境和心情。日寇入侵，拋妻捨子，親人離散，浪跡天涯，而馮友蘭意外受傷，不禁惹起鄉思之情。馮友蘭住院，陳岱孫、朱自清陪同，直到馮友蘭的弟弟馮景蘭來到後才離開。

告別故都，一路南行。1938年3月11日，朱自清乘坐二等車離開河內赴昆明。在晃動的列車上，朱自清不禁想起在憂患中的同胞兄弟，想到國家的未來與聯大學者今後的命運。在一種感傷的心情中想了很多。南渡的學者來到昆明，他們沒有料到，這旅程的結束，意味著一段漫長、艱難歲月的開始，他們要8年之後，才能踏上北返的歸程。

南渡自應思往事

　　一路艱辛，1938年4月8日，陳寅恪終於抵達雲南蒙自（時聯大文法學院設在蒙自）。此時，陳寅恪遠在西南邊陲，家人皆在香港苦苦度日，骨肉分離，加之從前方傳來的皆是不利的消息，悒鬱中陳寅恪染病臥床曾作〈殘春〉兩首，其一云：「家亡國破此身留，客館春寒卻似秋。雨裏苦愁花事盡，窗前猶噪雀聲啾。群心已慣經離亂，孤注方看博死休。袖手沉吟待天意，可堪空白五分頭。」身世之感，離別之愁，國破之恨皆溢於言表。

　　南湖風景宜人，湖中有一小島取名松島。一天傍晚，陳寅恪與吳宓散步回來，經過一小橋，站在橋上望著湖面的荷花，聆聽橋旁一酒樓內傳出的劃拳、碰杯的聲音，無不傷感。陳寅恪遂做七律一首〈南湖即景〉（有文章記為〈蒙自南湖作〉）：

> 景物居然似舊京，荷花海子憶升平，
> 橋邊鬢影還明滅，樓外笙歌雜醉醒。
> 南渡自應思往事，北歸端恐待來生？
> 黃河難塞黃金盡，日暮人間幾萬程？

　　　　　　　　　　　　　民國二十七年夏松島上作

劉文典這首詩後頗有同感，揮筆抄錄，贈給一向幫助西南聯大的當地學者馬竹齋。馬竹齋視為寶貝，精心保存。現原件存於蒙自縣檔案館。

　　馬竹齋題記云：「陳寅恪名曾，以字行（筆者按，陳寅恪生於光緒十六年庚寅，祖母名之寅恪，以名行。其祖擬以鶴壽為字，然此字未使用。參見蔣天樞《陳寅恪先生編年事輯》），晚清詩家散原老人三立子也。早

歲留學英倫，為時所譽，而家學淵源，詩有根柢，講學之餘，不費吟詠。戊寅年聯大遷蒙，寅恪所為詩，皆撫時感慨之作，惜未得窺全豹，僅劉叔雅錄示此首，雖一臠亦解饞吻矣。」

在蒙自的一些聯大學者，對戰事感到悲觀，故陳寅恪哀歎「北歸端恐待來生」。陳寅恪的好友吳宓也持悲觀態度，他的〈大劫一首〉詩云：

> 綺夢空時大劫臨，西遷南渡共浮沉。
> 魂依京闕煙塵黯，愁對瀟湘霧雨深。
> 入郢焚麋仍苦戰，碎甌焦土費籌吟。
> 惟祈更始全邦夢，萬眾安危在帝心。

陳寅恪和吳宓詩中的「南渡」句，與馮友蘭作《西南聯合大學紀念碑》碑文的思想非常吻合：「南渡之人，未有能北返者。晉人南渡，其例一也；宋人南渡；其例二也；明人南渡，其例三也。」北歸悲愴，與碑文「風景不殊，晉人之深悲；還我河山，宋人之虛願」同調，陳寅恪詩中的感傷並非是對抗戰最後勝利的悲觀，是擔心歷史重演的深深憂慮。然而，歷史並未重演，誠如碑文所寫：

1950年，陳寅恪與家人在廣州嶺南大學合影。

「吾人為第四次之南渡，乃能於不十年間，收恢復之全功，庾信不哀江南，杜甫喜收薊北。」陳寅恪戰後得以重返清華園。陳寅恪和吳宓的詩，大抵可折射出當時一些學者的憂患。

是年春夏間，陳寅恪於蒙自聯大分校還寫下了其他詩句，更是觸目驚心：「讀史早知今日事，對花還憶去年人」（〈殘春〉）；「南朝一段興亡影，江漢流哀永不磨」（〈七月七日蒙自作〉）。

有論者指出，20世紀40年代轉徙西南天地間的學者們，普遍對六朝史事、思想及文章感興趣，恐怕主要不是因書籍流散或史料缺乏，而是別有幽懷。像陳寅恪那樣早就專治此「不古不今之學」者，自然鑒古知今，生出無限感慨；至於受現實刺激而關注六朝者，也隨時可能借六朝思想與人物，表達其對社會現實的關注。

1946年夏聞一多先生被刺身亡，王瑤先生的同學季鎮淮先生即借〈嵇康之死辨聞〉、〈竹林故事的結局〉等考史文字寄託悲憤。季文議論精闢而又切合史事，可見平日讀書興趣所在。至於另一位同學范寧，則以魏晉小說為研究專題，與王先生的論述更是密切相關。據范先生回憶，西南聯大研究生宿舍裏，同學們「聚在一起時大都談論魏晉詩文和文人的生活」（〈昭琛二三事〉）。南渡的感時傷世、魏晉的流風餘韻，配上嵇阮的師心使氣，很容易使得感慨遙深的學子們選擇「玄學與清談」。

聯大學者過中秋，詩詞唱和述性情

1942年9月24日，上午半陰，下午放晴。這一天是中秋節。下午三點，梅貽琦約清華同事陳岱孫、李繼侗、朱自清三人出發，到周培源家過節。

周培源一家位於西山腳下的滇池邊上的山邑村。山邑村中周培源租住的房屋，現為龍門村112號，為一留學美國的人士所建，是一

棟磚木結構的二層五開間的樓房，寬展的前廊，方型的石柱，以及石砌的拱型門窗，透露著深深的歐美建築風情，房前屋後，綠樹成蔭，庭院中有水池，庭院面對浩瀚的滇池，萬頃碧波就在庭院外湧動。每到週末，山邑村的這個小院裏，熱鬧非常，梁思成、林徽因夫婦、陳岱孫、金岳霖、張奚若、任之恭、吳有訓、李繼侗等老朋友到此相聚，沈同、陳福田、陳省身、邵循正等聯大教授也不時來訪。樓上樓下的所有房間，床上地下經常是睡得滿滿的。

梅貽琦和同事來訪，周培源和王蒂澂夫婦張羅酒菜，一起過中秋節。可惜的是月亮升起後，被雲霧遮掩，他們未能賞月。這天晚上，梅貽琦和李繼侗宿在積翠樓上東間，陳岱孫、朱自清睡在西間，中間是周培源和王蒂澂夫婦和三個孩子的房間。梅貽琦入睡時，四周靜寂，唯湖邊水波拍岸，讓他們漸漸地進入甜美的夢鄉，彷彿忘記了人世間的煩憂。

9月24日，朱自清作〈中秋從月涵（梅貽琦）先生及岱孫、繼侗至積翠園培源寄居，次金甫（楊振聲）與月涵先生倡和韻〉：

> 天南獨客遠拋家，容易秋風惜晚花。
> 佳節偶同湖上過，無邊朗月伴清茶。
>
> 酒美肴甘即是家，古今上下舌翻花。
> 興來那計愁千斛，痛飲盧仝七碗茶。
>
> 且住為佳莫問家，茫茫世事眼中花。
> 人生難得逢知好，樹影圍窗細品茶。
>
> 暫借園居暫作家，重陽節近憶黃花。
> 主人倘訂登高約，布襪青鞋來吃茶。

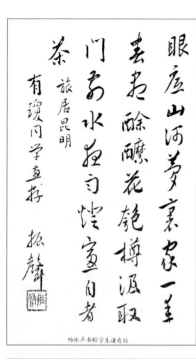

眼底山河夢裏家一�ー

去君餘釀花艷樽派取

門前水檻句惚室白者

茶 旅居昆明

有瑣同學畫拈

振聲

楊振聲詩作，書贈聯大中文系學生諸有瓊。

10月1日，朱自清日記記載，今日上午，今甫擬將《世界學生》之文藝編輯交余負責，熟思後表示謝絕。成詩四首贈今甫。此四首詩即〈疊前韻贈今甫〉：

> 漫郎四海漫為家，
> 看盡春風百種花。
> 已了向平兒女願，
> 襟懷淡似雨前茶。

> 此心安處即吾家，
> 瞥眼前塵霧裏花。
> 省得相知人幾個，
> 淡芭菰釀壓新茶。

> 住慣天涯解作家，
> 案頭親供折枝花。
> 作書看畫消清晝，
> 客至紅爐緩煮茶。

> 北望燕雲歸帝家，
> 宮牆兩畔菊堆花。
> 相期破虜收京後，
> 社稷壇頭一盞茶。

楊振聲和作一首交梅貽琦，詩文為：

到處為家不是家，陌頭開遍剌桐花。

天涯無奈鄉思渴，細雨疏簾酒當茶。

楊振聲在昆明另曾作一首贈學生諸有瓊，也是「疊前韻」：

眼應山河夢裏家，一年春盡醀釀花。

匏樽汲取門前水，夜雨煙窗自煮茶。

朱自清〈近懷示聖陶〉

　　1939年11月，朱自清因為身體的原因，辭去聯大中文系主任職務而專任教授。1940年，朱自清獲得年假，可以有一年完整的時間，從事早已醞釀成熟的對中國經典文獻的學術研究。但昆明物價高得驚人，身為知名教授，亦難養家糊口。計議再三，終於決定遷家到夫人陳竹隱的故鄉成都，為了籌路費，他甚至忍痛賣掉從英國帶回來的一架留聲機和兩本音樂唱片。這是當年送給夫人的禮物，也是這教授之家唯一的奢侈品。

1921年，葉聖陶與朱自清（右）在杭州。

　　到成都後，安家在東門外望江樓對岸之宋公橋報恩寺中。朱喬森在〈人格的昇華——朱自清在清華〉文中寫道：「一家人住在從一所尼庵租來的三間茅屋內，頂上是稻草，牆上是用竹片編成籬笆抹了一層泥，地上連一層磚都沒鋪，而食米還要經常靠親友接濟或借貸。」1940年11月18日，葉聖陶來到朱寓。朱自清的話題轉到詩上來，並且以長篇五言〈近懷示聖陶〉相贈。談到濃處，索性攜茶酒至望江樓，啜茗長談，繼之小飲，歡會難得，日暮始別。望江

樓，在成都東門外，面臨清清錦江，有薛濤井、崇麗閣、吟詩樓、浣箋亭等名勝，其時已辟為公園，為清遊佳勝。朱自清的五言詩，從自己的處境説到動亂的時局，衷腸傾訴，動人肺腑：

> ……山崩溟海沸，玄黄戰大宇。健兒死國事，頭顱擲不數。……累遷來錦城，蕭然始環堵。索米米如珠，敝衣餘幾縷。老父淪陷中，殘燭風前舞。兒女七八輩，東西不相睹。眾口爭嗷嗷，嬌嬰猶在乳。……贛鄂頻捷音，今年驅醜虜。天不亡中國，微枕寄干櫓。區區抱經人，於世百無補。死生等螻蟻，草木同枯腐。螻蟻自貪生，亦知愛吾土。鮒魚臥涸轍，尚以沫相呴。勿怪多苦言，喋喋忘其苦。不如意八九，可語人三五。惟子幸聽我，骨鯁快一吐。

這首風格近乎杜甫的長詩，寫的不僅是個人的困難，同時反映了黎民百姓在戰亂中的深切苦難。

梅貽琦、顧毓琇唱和

1941年，梅貽琦過53歲生日的時候，他昔日清華的同事和朋友——原清華工學院院長顧毓琇寫來一首詩祝賀：

> 天南地北坐春風，設帳清華教大同。
> 淡泊高明寧靜志，雍容肅穆藹和衷。
> 誨人自有宗師樂，格物原參造物功。
> 立雪門牆終未足，昆池為酒壽高松。

梅貽琦和了一首：

敢言程雪與春風，
困學微忱今昔同。
廿載切磋心有愧，
五年漂泊淚由衷。
英才自是驊騮種，
佳果非緣老圃功。
回憶園中好風景，
堂前古月照孤松。

顧毓琇。

自比古月堂前一孤松，那自然是梅貽琦的謙虛，也是他的風骨。但他的確是清華園裏一道別致的風景。

　　1931年，梅貽琦走馬上任，給清華留下一句箴言——大學之所以為「大」，不在於有沒有高樓大廈，全在於有沒有大師。抗戰時期，梅校長主持西南聯大。論人數，論經費，論設備，清華占壓倒優勢，梅貽琦必須讓清華不感到吃虧，讓北大和南開不覺得被清華占了上風。梅校長胸懷之「大」，使他對整個聯大一樣看待，整個聯大也就一樣看待他。而除了那段，梅貽琦把一生韶華，全部獻給了清華。

傷心史與心酸詩

1939年春天，英國牛津大學聘請陳寅恪擔任漢學教授，並授予他為英國皇家學會研究員。陳衡哲女士曾評論説：「歐美任何漢學家，除伯希和、斯文·赫定、沙畹等極少數人外，鮮有能聽得懂寅恪先生之講者。不過寅公接受牛津特別講座之榮譽聘請，至少可以使今日歐美認識漢學有多麼個深度，亦大有益於世界學術界也。」

戰時的生活條件是極為艱苦的。後幾年，更是百物騰貴，物價飛漲。薪水既不能按時發放，更是經常打折扣。作為最高級別的「教授中的教授」，身病目殘，家累亦複不輕，陳寅恪也不時感歎：「殘剩河山行旅倦，亂離骨肉病愁多」，「淮南米價驚心問，中統銀鈔入手空」，「少陵久廢看花眼，東郭空留乞米身。日食萬錢難下箸，月支雙俸尚憂貧」……基本物質條件無法得到保障，營養很差（一個學生饋贈3罐奶粉，居然就讓老教授很開心），燈光昏暗，是造成陳寅恪目疾加重、終致失明的重要原因。這也是自由主義知識份子聞一多等人思想急遽左轉的一個轉捩點。

化學系教授黃子卿曾有一首詩，可以作為當時教職員艱苦生活的真實寫照。這首詩的前面有一小段序文「三十年（1941年）秋，瘧疾纏綿，賣裘書以購藥，經年乃痊。追憶往事，不禁愴然」，全詩共有四句：

> 飯甑凝塵腹半虛，維摩病榻擁愁居。
> 草堂詩好難驅虐，既典征裘又典書。

説的是蒸飯的甑子都已積了一層塵土，肚子卻無法填飽，在病床上靜躺著，心裏充滿了愁悵，百無聊賴時拿起杜甫的詩，又覺得

詩雖好卻趕不走病痛，為了治病和維持生計，只得典當皮衣又賣書籍。像黃子卿教授的情況，在西南聯大的教職員中可以説比比皆是。

　　1943年下半年教授的薪金實值只等於戰前法幣8元。據陸耀東《馮至傳》，馮至一家惟有一次又一次地變賣物品，從德國帶回的「照像機、留聲機、跋涉千里未忍拋棄的幾件玻璃器皿、外國朋友送給我女兒的玩具等等，都相繼與我們含淚告別。其次是從有限的衣物中揀出幾件暫時可以不穿的衣服交給寄售店，從捨不得出賣的書籍中挑出幾本目前不需要的書賣給舊書店。」馮至有兩句詩概括了當時的情形：

　　　　家貧售盡戰前物，時困猶存劫後書。

全家還苦苦節省，用肥皂木箱作書架，三個人共用一盞小菜油燈，膳食僅果腹而已，根本顧不上營養。馮至和夫人重病之後，也無法補養身體。物質生活雖然十分艱苦，馮至的精神狀態卻很好。這是中國知識份子的傳統，伯夷、叔齊寧肯餓死，也不食周粟；陶淵明不為五斗米折腰；杜甫連兒子也餓死了……

蕭滌非送子〈早斷〉

　　蕭滌非1906年生於江西臨川茶溪村一個窮秀才家。20歲時由南京江蘇省立一中同時考取清華、東南兩所大學，入讀清華中文系。期間尤喜足球，曾獲「華北足球隊長蕭滌非」獎牌，古典文學專家余冠英、吳組緗，還有季羨林、李長之都是他的啦啦隊成員。他的百米11.1秒的清華記錄，一直保持到解放後。由於四年學業總成績

蕭滌非先生在清華大學研究院（1933年）

1933年，蕭滌非在清華大學研究院。

平均80分以上，免試進入清華研究院，清華同學們還送他一個刻有「狀元」二字的銅墨盒。

清華畢業後，蕭先生輾轉青島山東大學、四川大學、昆明西南聯大。在西南聯大期間，經歷了失子的刺心之痛。

聯大師範學院的副教授蕭滌非，先後到中法大學、昆華中學、天祥中學四處兼課，但生活依然十分困窮。第三個孩子出生，扶養不起，只好忍痛將其送給他人。骨肉分離，其情難捨，蕭滌非作了一首令人斷腸的五律，為孩子送行。詩名〈早斷〉，全詩云：

> 好去嬌兒女，休牽父母心。
> 啼時聲莫大，逗者笑宜深。
> 赤縣方流血，蒼天不雨金。
> 修江與靈谷，是爾舊山林。

蕭滌非是江西臨川人，夫人可能是南京人，故用模糊的地名修江、靈谷，給孩子指點血脈的源流所在，期待孩子長大懷念祖籍、懷念父母。朱自清把這首詩拿去刊登於重慶《飲河詩刊》。

大學教授都養不起自己的親生骨肉而送人，普通公務員賣兒鬻女更不少見。1943年12月28日，昆明《朝報》刊有一則啟事：

欲領子女者鑒：某君夫婦服務於教育文化機關，因無力撫恤，願將行分娩之嬰孩兒（約明春分娩）無條件贈送予人。凡家身清白，有撫養及教育能力而尚無兒女，意欲領為螟蛉者，請投函……面洽。

把行將出生的親生骨肉無條件地贈送給別人，人世間最令人心痛的事莫過如此！但生活的無奈讓這對夫婦別無選擇。戰時昆明生活困苦、民不聊生由此可見一斑。

潘光旦：「只將身世寄鷗遊。」

潘光旦家人口較多，生活上是比較困難的。潘光旦個人的收入支持家庭有困難，不得不由太太出來做點事補充收入。潘太太曾與西南聯大常委、清華大學校長梅貽琦的夫人共同製作一種蛋糕，取名「定勝糕」，拿到冠生園寄賣。抗戰後期，潘太太曾自製繡花綢睡衣、頭巾、手帕賣給美國盟軍，以補貼家用。她還曾請聞一多先生畫過兩幅龍的圖案作為繡樣。

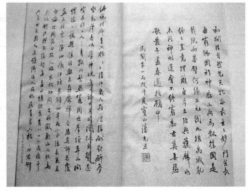

圖左：潘光旦《鐵螺山房詩抄》。
圖右：《鐵螺山房詩抄》內頁。

中年便易傷衰境樂老境
何當計短長衰疾常防
兒輩覺童真萱識我生
忙室人相敬水同味親友
時看星墜光鈔啓予
青不寐羨君行健尚南強

夜不成寐，憶業雅〈老
境〉一文，感而有作，即以示
之。朱自清

朱自清手跡。1948年1月29日，作
舊體詩《夜不成寐，憶業雅〈老
境〉一文，感而有作，即以示
之》。

1942年，潘光旦在贈趙文璧的詩中表達了在艱苦的物質條件下的心態：

> 知吾不作稻粱謀，
> 避地五年一敝裘。
> 未信文章憎命達，
> 只將身世寄鷗遊。
> 應憐士道衰微甚，
> 莫為師門貧病憂。
> 愛汝囊中無濁物，
> 買薪權當束修收。

這首詩可看作潘光旦的精神寫照、生活自畫像。潘光旦在這首詩中既傳遞出「飄飄何所似，天地一沙鷗」的身世飄零之感，又有「國破山河在，城春草木深」的黍離之悲。有論者這樣評潘光旦的舊體詩「辭藻平易，意境深遠」。僅此一首，可見一斑。

潘光旦一家和內弟趙世昌（清華大學技師）家疏散到昆明西郊的大河埂村。疏散到大河埂居住的多清華教授和職員，距昆明城十五華里。「這是一個適中的地點，往北五里是大普吉，清華大學的幾個研究所設在那

裏；往西一里是西山坡下的龍院村（又稱梨園村），住有清華不少教職員家屬；順河往南走到大石橋，就上了通往昆明大西門的公路。」潘光旦在大河埂的寓所有一書房，名為「鐵螺山房」，1941年6月，潘光旦寫過一篇〈鐵螺山房記〉。潘光旦在西南聯大時期寫的詩稿結集題為《鐵螺山房詩草》。

潘光旦那一代學人，中西貫通，潘光旦的英文讀寫勝過美國的優等生，又具有深厚的國學基礎。這得益於他在清華所接受的教育。中學西學猶如他架下的雙拐，支撐了他堅實的人生。

游國恩輓朱自清詩

1939年，游國恩（字澤承）隨當時所在的武昌華中大學遷到大理喜洲後，正是日寇大舉侵華，大部分國土淪喪之時。游國恩憂心國事，開始經常寫作舊詩以寄懷。到西南聯大後，仍詩興不減，連同在喜洲寫的詩總共有一百多首。可惜經過「文革」，找到的已經很少。由於寫詩多，不僅校外的人請他作〈論寫作舊詩〉的演講，連聯大新詩社1941年也請他作〈論詩的欣賞〉的演講。

游國恩也經常與同人賦詩論詩。據浦江清先生1943年2月7日（春節期間）的日記載：「天陰，寒甚。在聞（一多）家圍爐談詩。游澤承談散原（陳三立號散原，陳寅恪之父）詩尤有勁。傳觀諸人近作，佩公（朱自清）晚霞詩，重華黃果樹瀑布詩，澤承律詩數章均佳。」浦、朱二先生都有與游國恩唱和的詩。游國恩和朱自清在談詩論學方面很投合，朱病逝時游國恩寫了一首很動感情的輓詩〈哭佩弦先生〉：

> 十年漂泊得生還，塵浣征衫鬢欲斑。
>
> 反胃陳王妨飲食，解頤匡鼎動愚頑。

文章新變空餘子，憂患平生塞兩間。

太息唐樓咸故事，與君斟酌陸渾山。

游國恩自注：昔與君同寓昆明北門街，衡宇相望。一日，余訪君於
唐公樓（唐家花園清華單身教授宿舍），因論討及韓公〈陸渾山火〉，
不覺移晷，大暢詩旨而去。

　　此詩原載於《中建》雜誌1948年北平版1卷4期。原件由朱自清
夫人一直珍藏，現存於清華大學檔案館。又聯大化學系教授黃子卿
工書法，並喜寫作舊詩。在聯大時他看到游國恩的詩很佩服，經常
帶自己的詩作到遊家來，與游國恩討論詩。游國恩去世時，他的輓
聯寫道：「落花依草哭丘遲，卅年舊交，兩行熱淚。春樹暮雲懷李
白，千篇新著，一代詞宗。」（游寶瓊〈游國恩先生在西南聯大〉）

　　由此可見聯大學者生死不渝的誠摯友情。

西南聯大的演講

聯大的師生在物質上不得了，
在精神上了不得。
——林語堂在西南聯大的演講名言

聯大的時事演講

1937年11月1日，長沙臨時大學開始上課。就在這一天，上午9時多，忽然響起日寇飛機來襲的空襲警報，師生無處躲藏，幸未投彈。因為交通的斷絕，路線的阻隔，所到的教授卻並不多。有些開設的課程沒有教授授課。為了滿足學生的學習需要，校方邀請一些名流、學者來校作戰爭形勢的演講。

湖南省政府主席張治中，談抗戰形勢；《大公報》總編輯張季鸞講戰後形勢發展的預測；國民黨高級將領陳誠、白崇禧講戰略與士氣等問題。獲釋不久的原中國共產黨總書記陳獨秀也講演國際形勢發展的預測。那時，剛剛是國共合作，同赴國難。臨大邀請

圖上：《大公報》總編輯張季鸞到長沙臨時大學演講戰後形勢發展的預測。
圖下：聯大學生邀請徐悲鴻到校演講。

八路軍駐長沙辦事處負責人徐特立先後三次來校講演，介紹延安八路軍情況以及動員民眾參加抗戰，受到學生的熱烈歡迎。演講者的政治立場雖然不同，但堅持抗戰的信念是一致的，這也反映了學校繼承相容並包、學術自由的傳統。這些演講使學生認清戰爭形勢，明確自己的職責，激勵了學生，也宣傳了抗日民族統一戰線，堅定了抗戰必勝的信念。

不少聯大的學生聽了徐特立的演講，投筆從戎，奔赴延安。韋君宜在長沙時，聽了徐特立的演講，想從軍去延安，徵求馮友蘭先生的意見。讓韋君宜有點感覺意外的是，馮友蘭先生支持她的想法。大學生是讀書，還是從軍，錢穆和馮友蘭意見不合，還發生過一次爭論。錢穆認為，國難當頭，學生更應該讀好書。馮友蘭先生曾在他為學校撰寫的一次佈告中，對同學說：「不有居者，誰守社稷？不有行者，誰捍牧圉？」不論是直接參加抗日還是留校學習，「全國人士皆努力以做其應有之事」。

長沙臨時大學時期，國內教育界和國民政府對高等教育是否保留，是為了戰時需要，還是為百年大計，觀點有分歧，引起爭論。這一爭論還引起兩位著名軍事將領的興趣，他們分別到剛剛內遷長沙的臨時大學演講，但觀點截然相反。一位是湖南省政府主席張治中，他在演講中開門見山，劈頭就罵：「際茲國難當頭，你們這批青年，不上前線作戰服務，躲在這裏幹嗎？」另一位軍事委員會政治部主任陳誠向學生們分析了時局，贊成學校內遷。他把大學生們喻為國寶，指出國家雖在危難之中，但青年完成學業，極為重要。因為十年後，國家的命運全在他們手裏。蔣介石為這場爭論畫了個句號：「我們切不可忘記戰時應作平時看，切勿為應急之故丟棄了基本。我們這一戰，一方面是爭取民族生存，一方面就要於此時期中改造我們的民族，復興我們的國家，所以我們教育上的著眼點，不僅在戰時，還應該看到戰後。」

　　兩年後，內遷昆明的西南聯大教授查良釗對陳誠的言論仍深表贊許。他回憶道：「我這裏得說，以後會有很多同學願隨學校赴雲南，陳誠將軍是給了很大影響的。」不過據蔣夢麟回憶，仍有臨時大學的350名以上的學生自動留下來，參加組織動員民眾抗日的工作。

　　聯大在昆明延續了長沙臨時大學的做法，邀請社會名流講抗戰形勢和國際形勢，這成為聯大演講的一個特色。

　　1938年7月7日，馮友蘭在蒙自，這天晚上，在海關曠地舉行的抗戰紀念集會並講演，主要內容為抗戰之形勢。宗璞在《夢回蒙自》中記錄了這次演講的大概：「父親出席作講演，強調一年來抗戰成績令人滿意，中國堅持持久戰是有希望的，一城一地之失，不可悲觀，中國必將取得最後勝利。又言戰爭固能破壞，同時也將取得文明之進步。並鼓勵學術界提高效率。」西南聯大教授薛浦鳳說這次講演「語甚精當，絕不慷慨激昂。蓋芝生仍用一套講堂說理之辭令」。

　　每當聯大教授舉辦講座，昆明街頭的店鋪就會收鋪板關門，因為老闆與夥計都要去聽講。演講內容有時是時事，有時是《紅樓夢》。講到國破之痛，臺上的教授流淚痛哭，台下的群眾一片悲憤。

　　法學院一位教授在昆中北院作世界形勢報告，分析德蘇不會開戰，有四條根據，先講了兩條，中間休息二十分鐘。恰好這時街上報童叫喊「號外」，「號外」，「德蘇開戰了」，「德蘇開戰了」。主講人頗感尷尬，宣佈下半不講了，提前結束。任繼愈對這次演講印象深刻，他評論道：世界風雲變幻莫測，一介書生僅僅根據報刊、文獻提供的有限資訊資料去做判斷，結論有誤完全可以理解。二戰期間德國出兵進攻蘇聯，連史達林還判斷失誤，何況遠離實際的東方學者？這位教授照常受到學生們愛戴。

聯大的時事演講，經常邀請一些社會名流。1940年11月23日，《大公報》著名記者范長江在文學院講演，題為「抗戰與雲南」。11月20日，范長江到昆明時，《戰國策》雜誌社為范長江舉行晚餐會，陳銓、林同濟、沈從文、何永佶等出席。

　　抗戰後半段，日本發動太平洋戰爭，美國派來志願空軍，在昆明建立空軍「飛虎隊」駐昆明，經過幾次空戰，打下來日本飛機多架，日寇飛機不再敢來空襲，上課時間比較正常。中緬公路修通後，昆明成了對外交通的通道。聯大有時邀請歸國過路的名人講演，顧維鈞、焦菊隱、徐悲鴻，美國回來的林語堂，牛津大學的Daods、出國作戰、在緬甸密支那城全殲日本侵略軍的杜聿明，等等。

　　徐悲鴻由歐洲經蘇聯回國返母校，過昆明，聯大學生會請他講演。他講了在蘇聯參觀蘇聯紅軍衛國戰爭畫展。蘇聯畫展組織者動員了全國有名的不同流派拿出作品參展。大量的作品是描寫紅軍抗擊德國納粹的戰爭。也有些風景畫家，沒有畫紅軍衛國戰爭的作品，受到排斥。有位風景畫家展出一幅鄉村風景畫。徐悲鴻在展覽會上看了這一幅畫，題名「綠舞」，一棵大樹屹立在田野上，樹葉迎風飛舞，生動極了。恰好有幾個青年參觀者也在欣賞這幅畫，問解說員：「這大樹和房子很好，畫上怎麼不見紅軍啊？」解說員機敏地說：「你不是看見樹後這所房子嗎？紅軍隱蔽在房子後面啊！」

　　牛津大學的Daods教授在西南聯大介紹英國在戰爭期間的情形，讓學生們瞭解到英國人在戰爭期間的生活同樣艱苦，但仍保持著樂觀幽默的心態。倫敦一家大百貨公司遭到飛機襲擊，屋頂炸穿，被開了天窗，但仍照常營業。公司門口佈告：「Open as usual」。第二天又被炸了，屋頂的破洞更大了。百貨公司又公告：「More open as usual」。英國人巧用「Open」這個雙關語，

「more open」既表示對敵人的藐視，又體現出倫敦市民的樂觀幽默性格，遭炸而不氣餒。倫敦市民在戰爭中的樂觀精神和聯大師生的精神狀態非常相似。

聯大的時事演講非常多，聯大幾位活躍的學者經常參與聚會、集會的演講。

1943年3月，中國國際同志會在雲南分會舉辦現代問題講座，其中王信忠講「遠東戰局之展望」，戴世光講「中國與印度」。1944年7月7日，聯大壁報協會與雲南大學、中法大學、英語專科學校自治會在雲大至公堂聯合舉辦抗日戰爭7周年時事座談會，應邀發言學者、教授10餘人，其中有邵循正、蔡維藩、伍啟元、聞一多、吳晗等，聽眾2,000多人。1944年10月10日，昆明各界人士在昆華中學召開紀念辛亥革命33周年大會，聞一多、吳晗等出席並演講，聞一多的講題是「組織群眾與保衛大西南」。大會通過了《昆明各界雙十節紀念大會宣言》。

聯大是民主堡壘，傳達出那個時代的聲音。1945年10月初，雲南省府改組，龍雲下臺。國民黨反動勢力控制雲南，昆明要求自由和民主的呼聲日益高漲。聯大師生發表民主宣言的集會和演講經常遭到國民黨特務的破壞和阻撓。1945年11月25日，聯大、雲大、中法、英專四大學學生舉行反內戰時事演講會，地點在雲大至公堂，雲南反動當局進行限制，製造緊張氣氛。演講會改在聯大新校舍圖書館前大草坪舉行。

集會演講的第一個是西南聯大的名教授錢端升，他演講的題目是〈對目前中國政治的認識〉。他慷慨陳詞，激動地指出：「內戰必然毀滅中國！」「我們需要聯合政府！」會場上掌聲雷動，不料，圍牆外響起槍聲，步槍、衝鋒槍齊發。第五軍包圍了學校。會場頓時有了騷動和不安，秩序混亂的時刻，錢端升教授用了兩句有千鈞之力的話穩定會場，轉變會場情緒。他說：「青年朋友們！不

梅貽琦校長。

要驚慌，我們要在槍聲底下求得的自由，才是真正的自由！」錢端升教授毫不畏懼、神情自若地發言，會場秩序被他穩定住了。演講繼續進行，接著，伍啟元講〈財政經濟與內戰的關係〉，他沉痛地發言：「內戰如果擴大，中國必將失去建立現代工業化國家的機會，財政經濟也將趨於崩潰。」這時，槍聲大作，聽眾巋然不動。突然停電了，全場陷入黑暗之中，工作人員迅速點亮早已準備好的汽燈，聽眾一片歡呼。電源很快接通，會場重現光明。第三位演講的是費孝通，他講〈美國與中國內戰之關係〉，呼籲中美人民聯合起來一同反對中國的內戰。他還激動地高呼：「不但在黑暗中我們要呼籲和平，在槍聲中還是要呼籲和平！」

當年的時事已經成為歷史，然而，曾經的慷慨陳詞，並沒有沉入時光的河流，沒有湮滅在歷史深處。那些黃鐘大呂般的聲音，言猶在耳，重溫這些歷史境

遇中的「非常道」，可感聯大師生愛國的深情。從聯大的時事演講中，可以觸摸一個時代的脈搏。

梅貽琦主持的演講

抗戰期間，不少國內外的政治家、科學家、學者、作家來聯大參觀、訪問，梅貽琦作為聯大的三常委之一，經常接待來訪貴賓。從梅貽琦的日記中可以得知，他主持了不少名家的演講。

1942年12月8日，上午11點，T、W二君和中國駐英國大使顧維鈞來到西南聯大。因為日程臨時變化，梅貽琦未能帶領他們參觀聯大校舍。他們在梅貽琦的辦公室稍事休息，就到聯大露天廣場演講。梅貽琦向學生介紹三位來賓，然後請W君演講，他向聯大的學生介紹了近三年來英國人抗擊德國法西斯入侵的情形。應學生的要求，顧維鈞「略致數語」，學生在場約二千數百人，有女生二人、男生一人暈倒，「蓋體力太差而擁擠亦太甚也」。學生在聽演講的過程中暈倒，估計和聯大學生的伙食太差，營養不足，不少學生餓著肚子學習。當時演講的時間，已近午飯時間。

午飯由兩校兩院設宴於雲南大學教室，共5桌，無演說。下午4點，梅貽琦至工學院主持錢乙藜（錢昌熙，當時似負責國防科技事務）之演講。錢演講了一個半小時，詳細談中國工業發展遇到的問題，以及資委會十年來事業推進之情況。

1943年3月1日上午10點，梅貽琦主持國民月會，請來訪的劍橋大學李約瑟博士講演，講題是「科學在盟國戰爭中的地位」。李約瑟博士演講完，梅貽琦和聯大的學者在西倉坡宴請他。參加宴席的有英國領事休士，還有將要去英國留學的四位聯大的學生。

劉文典演講《紅樓夢》

1940年到1942年間,西南聯大興起一陣「《紅樓夢》熱」,教授們紛紛「揭秘《紅樓夢》」。聯大有兩位公認的紅學專家,劉文典是其中之一,另一位是吳宓。大家公認劉和吳講演得最好、最轟動。

1942年3月16日晚7-9點,劉文典在聯大師範學院露天演講紅樓夢,吳宓和毛子水、盧雪梅去聽他的演講。劉文典演講《紅樓夢》,《雲南日報》為此刊登了預告消息,歡迎各界自由參加。劉叔雅和吳雨僧演講《紅樓夢》,和聯大歷史系教授雷海宗的演講,同屬於文林堂講演會的內容。這裏提一下文林街,只是昆明一條很普通的小路,東西向,東邊是雲南大學,西邊是聯合大學,街上有許多小麵館和甜食店。這條路是聯大教授經常出入的地方。文林街有一個文林教堂,有位英國牧師喜歡結交聯大教授,於是,在此常有演講會,有時還有唱片音樂會。

有一次劉文典給學生做《紅樓夢》講座,由於慕名而來的聽眾太多,劉文典的講座由原計劃中的文林教室遷到室外小廣場。其時天已近晚,劉文典則秉燭講授,聽眾洗耳恭聽他的高論。劉文典身著長衫,緩步走上講臺,坐定。一位女生站在桌邊用熱水瓶為他斟茶。他從容飲盡一盞茶後,霍然站起,有板有眼地念出開場白:「寧－吃－仙－桃－－口,不－吃－爛－杏－滿筐!仙桃只要一口就行了啊……我講《紅樓夢》嘛,凡是別人說過的,我都不講;凡是我講的,別人都沒有說過!今天給你們講四個字就夠了。」

於是,他拿起筆,轉身在旁邊架著的小黑板上寫下「蓼汀花溆」四個大字。然後,大抒己見:「元春省親大觀園時,看到一幅題字,笑道:『花溆二字便妥,何必蓼汀。』」花溆反切為薛,蓼汀

反切為林。可見當時元春已屬意薛寶釵了。……」劉文典的講述帶有幾分「索隱派」的色彩，激起了學生極大的興趣。

然後，劉文典開始講解小說的女主人公——林黛玉和薛寶釵，聲調抑揚頓挫，不急不徐。他認為，她們的生活代表了人類兩種不同的生存方式。聽眾幾乎呆住了，完全沉浸於此時此情此景之中。

吳宓的詮釋受到西方文學理論的影響，與吳宓不同，劉的講解是寓言式的。有人認為，劉文典不同意吳宓的觀點，演講《紅樓夢》，有和吳宓「唱對臺戲」的意思。在西南聯大，政見不同，學術觀點不同，常常有這樣的「對臺戲」，這樣的學風，更能激發學生的創造能力。劉文典和吳宓唱對臺戲，絲毫不影響兩人的友情，兩人志趣相投、惺惺相惜。

從《吳宓日記》中可知，兩人交往甚密。劉文典講課，吳宓常去聽講。吳宓習慣坐在教室的最後一排。劉文典習慣閉目講課，每次講到自己認為有獨特體會的地方，都要抬頭張目向教室後排張望，然後問道：「雨僧兄以為如何？」

每當此時，吳宓照例起立，恭恭敬敬地一面點頭一面回答：「高見甚是，高見甚是。」兩人一問一答之狀，惹得全教室學生為之暗笑。

劉文典除了演講《紅樓夢》，也講過李義山詩，還講過《莊子》。據吳曉鈴的文章〈憶劉叔雅先生數事〉，劉文典講《莊子》不是在「破瓦寒窯」式的所謂「新校舍」，而是在大西門裏文林街的基督教文林堂。文章寫道：

> 那兒的牧師們常常邀請昆明各大學的教授去作學術報告，愛講什麼就講什麼，反對宗教迷信都沒關係，倒也開明豁達。叔雅先生報告中給我印象最深的是他解釋《莊子》第二十七篇〈寓言〉裏「萬物皆種比，以不同形相禪，始卒若環，莫

得其倫，是謂『天均』」的「天均」。他使用了一個西方哲學的用語，說：「『均』就是Natural balance嘛！」言簡意賅，一語中的，不能不使人欽服。現在回味起來，覺得其味無窮。Natural balance豈不就是大家經常掛在嘴上的「生態平衡」嗎！老師宿儒的橫通功力，後學者誠難望其項背，不愧被反將錫以「學術權威」這佳名也。

聯大的學者都非常關係國內和國際的形勢，劉文典也在文林街演講時事。1940年5月16日，晚上7至9時，吳宓陪劉文典講〈日本侵略中國之思想背景〉。劉文典憑藉自身對日本的多年關注與研究，向世人揭穿日本侵略者一貫的軍國主義立場，聽眾極多。1943年2月23日，《雲南日報》刊出劉文典的長篇文章，分析當時國際戰爭的局勢，眼光獨特。

邵循正、周培源、陳岱孫、陳福田、李繼侗等人合影。

邵循正摸黑講〈元遺山與耶律楚材〉

邵循正（1909-1972）先生字心恒，福建侯官（今福州市）人。1926年考入清華大學政治系，畢業後入清華研究院，改攻中國近代史、蒙古史。1934年去法國留學，在巴黎法蘭西學院師從法國漢學家、探險家伯希和（Paul Pelliot 1878-1945）治蒙古史及波斯文，成績優異。東方學大師伯希和開設《史記》一課，邵先生前往旁聽，剛走進教室，伯希和見了，立即離開講壇迎上擋駕，對邵先生說：「此課是給法國學生開的，你不必聽了。」後來，邵先生又往德國柏林大學攻讀蒙古史一年。1936年回國，先後在清華大學、西南聯合大學、北京大學講授中國近代史、元史、蒙古史、波斯文。

邵循正先生精通法、英、德、俄、日、波斯文及突厥語文，充分掌握中外蒙元史有關史料，特別精於語言對音之學。

在西南聯大，邵循正先生作過一次學術講演，演講的題目是〈元遺山與耶律楚材〉。元遺山，即元好問（1190-1257），金亡不仕，以著述存史為己任，是金元之際文學家。元好問多才多藝，除了長於詩文、從政之外，還精通曆算、醫藥、書畫鑒賞、書法、佛道哲理等學問，他的朋友遍及三教九流，既有名公巨卿、藩王權臣，也有一般的畫師、隱士、醫師、僧道、士人、農民等。耶律楚材（1190-1244），元代著名政治家，也是元初最突出的詩人。耶律楚材多才多藝，他是我國提出經度概念的第一人，編有《西征庚午元曆》，還主持修訂了《大明曆》。《元史·耶律楚材傳》載：「耶律楚材，字晉卿，遼東丹王突欲八世孫。父履，以學行事金世宗，特見親任，終尚書右丞。楚材生三歲而孤，母楊氏教之學。及長，博極群書，旁通天文、地理、律曆、術數及釋老、醫卜之說，下筆

為文，若宿構者。」他曾隨從成吉思汗和窩闊台遠征四方，寫下了大量詩歌，其《湛然居士集》收錄了660餘首詩。

邵循正先生講這樣兩位歷史人物，自然吸引了很多學生來聽。時間在晚上，教室裏坐滿了人。聯大的教授姚從吾、羅常培、毛子水、吳宓也來了。邵循正先生帶的研究生方齡貴做筆錄，不料開講不久就電停燈熄。等了半天，電還不來，邵先生就離開手擬的提綱，摸著黑繼續講下去，旁徵博引，依舊講得有聲有色，於是黑暗之中，聽者鴉雀無聲。講演臨結束時，電燈亮了，全場掌聲雷動。

據方齡貴的記憶，邵先生在講演中引述了《黑韃事略》（南宋彭大雅撰寫、並由同代人徐霆作疏的一部關於蒙古的見聞錄）所記蒙古早期差發之重，連教學行和乞兒行也要出銀做差發，有詩云：「教學行中要納銀，生徒寥落太清貧。相將共告胡丞相，免了之時捺殺因。」胡丞相就是主治漢民的普上斷事官失吉忽都忽，「捺殺因」蒙古語的意思是「很好」。

邵循正先生講演一結束，主持講演會的羅常培先生站起來說：「感謝邵先生給我們作了一次非常精彩的講演，有這麼多的同學來聽。我一向不會作詩，今天有詩人吳雨僧先生（吳宓字雨僧）在座，更不敢班門弄斧。我現在只想套用邵先生所引的《黑韃事略》那四句詩略抒我的情懷。」羅先生套改的四句詩，頭兩句是「教學行中不納銀，生徒繁眾且安貧」，第三句方齡貴現在無論如何想不起來了，第四句是「笳吹弦誦捺殺因」。羅常培先生即興賦詩，把歷史和現實聯繫起來，聯大學者安貧樂道，笳吹弦誦，真是「很好」！羅常培先生話音剛落，聽眾又爆發出震動屋瓦的掌聲。

林語堂演講

1923年，林語堂獲德國入萊比錫大學博士學位後回國，任北京大學教授、北京女子師範大學教務長和英文系主任。七七事變爆發後，林語堂發表〈日本征服不了中國〉。抗戰期間林語堂在美國用英文寫作。他寫的《生活的藝術》入選了聯大的英文讀本；他本人也回聯大作過一次講演。1943年12月22日，林語堂應邀在新校舍講演，題為「精神文明與物質文明」。演講論及中國文化的優勢和缺陷。他說：

> 我們聽見羅素恭維中國的文化，人人面有喜色；但要知道：倘使羅素生在中國，他會是攻擊東方文化最大膽、最徹底的人。羅素認為中國文化有三點優於西方文化：一是象形文字高於拼音文字，二是儒家人本主義優於宗教的神學，三是「學而優則仕」高於貴族世襲制，所以中國文化維持了幾千年。但儒家倫理壓制個性發展，象形文字限制國際交往，不容易匯入世界文化的主流，對人類文明的客觀價值有限，所以應該把中國文化提升到世界文明的高度，才能成為世界文化的有機成分。（許淵沖〈追憶逝水年華〉）

大概在這次演講中，林語堂說出了以後廣為流行的名言：「聯大的師生在物質上不得了，在精神上了不得。」這句名言一時傳為美談，一語道出了聯大的景況，是對聯大的高度概括，也是對聯大師生的高度讚揚。話說得很幽默，也很深刻。

聯大教授沈從文見到了林語堂，寫了一篇散文〈歡迎林語堂先生〉，發表在《昆明週報》第68期，署名上官碧。

聞一多的「非常道」

爭唱壓軸戲

1944年，西南聯大國文學會舉行「五四」文藝晚會。主持人羅常培教授說：「今天唱壓軸戲的是楊金甫（振聲）先生，楊先生將到美國講學。」

但在楊振聲講完話之後，聞一多上臺說：「今天唱壓軸戲的不是楊先生而是我，我研究中國文學二十年，目的就在摧毀這座封建的精神堡壘。」

全場為之震動。

座談會上的民主訴求

伴隨著深刻的文化批判，聞一多也鮮明地表達了他的新文化思想。和聯大民主學者一樣，聞一多經常以西方特別是英美的社會現實作為對中國的社會現狀的參照。

一次，聞一多與馮友蘭、曾昭掄等教授一道去參加國民黨舉行的座談會。談話時，許多人由於瞭解國民黨軍隊中普遍存在著克扣

民主鬥士聞一多教授在演講。

士兵軍餉，中飽私囊的現象，遂質問為何前線的士兵處於饑餓之中作戰？國家發給軍隊的給養都到哪裡去了？聞一多深有感觸地說，在英美，這些問題只要一出現，肯定會引起舉國譁然。可是在中國，人們只好在座談會上議論一下。他認為英美國家也有壞人，但這些壞人不敢做壞事，一旦幹壞事，大家便會群起而攻之。言談中流露出他對英美民主政治的讚賞。

1944年6月，美國副總統華萊士赴聯大參觀。7月，與中法大學、雲南大學、英語專科學校於雲南大學舉辦抗戰七周年時事座談會。美國副總統華萊士與各界人士座談時，聞一多積極幫助學生搞英文壁報，書寫要求民主標語，並出席與華萊士的座談會，希望美國能對中國社會政治的民主化起積極的促進作用。

隨後美國加強對蔣介石政權的支持，聞一多對美國的態度深感失望，並強烈地表示不滿，但他在思想上仍未放棄在中國實現西方民主政治的理想。長期以來，有不少人傾向於認為，此時的聞一多正在從一位民主主義者向共產主義者轉變。實際上從他生前的政治理想來看，這種看法並沒有可靠的依據。如果真有這樣的傾向，至少此時的聞一多還未來得及走上這一段路程，就倒在國民黨特務的槍下了。

當面批駁熊慶來

1944年7月，西南聯大舉行抗戰七周年紀念日，邀請雲南大學校長熊慶來做演講，熊在演講中表示，中國的積弱是因為學術不昌明，師生諸人宜守住學術崗位，不應馳心外騖。

聞一多本是來旁聽的，但他卻在會場中忽然站起來說：「談到學術研究，深奧的數學理論，我們許多人雖然不懂，這又哪裡值得炫耀？又哪裡值得嚇唬別人？今天在座的先生，誰不是曾經埋頭做過十年、二十年的研究的？我若是能好好的讀幾年書，那真是莫大

的幸福！但是，可能嗎？我這一二十年的生命，都埋葬在古書古字中，究竟有什麼用？究竟是為了什麼人？現在，不用說什麼研究條件了，連起碼的人的生活都沒有保障。請問，怎麼能夠再做那自命清高、脫離實際的研究？」

聞一多跟熊慶來在抗戰之前同在清華大學任教，是多年的好友，這時毫不留情的批駁，讓熊很是尷尬。從這一個事例，我們大約可以窺見當時聞一多的心理狀況。此時他積極參與社會政治事務，對國民黨政權進行猛烈抨擊。他甚至對當時堅持學術道路和書齋生活的生活方式都非常反感，儘管這種生活方式是他先前所堅持的。

「只有一條路，就是全面的造反！」

1944年8月18日，國民黨第五軍軍長邱清泉邀請華羅庚、聞一多、吳晗等11位教授在軍部舉行目前局勢和中國反攻問題座談會，借此機會瞭解聯大激進學者的思想狀況。

當時，日軍正在攻打衡陽，國民黨軍事方面估計衡陽很快失守，日軍將進軍貴州，意欲打到獨山。國民黨軍方一再請聞一多發言，聞一多問了幾個軍事方面尖銳的問題，聽了邱清泉的回答之後，激昂地說：「今天我們各方面的專家都有，而軍事方面只有主席（邱清泉）是唯一的權威，現在聽了主席的結論之後，我們談反攻問題還談什麼呢！老實說，今天政治、經濟、社會各方面都已經沒有希望，都得重新改革，換句話說，就是要造反！我們唯一還存有一點點希望的只剩下軍事，而今連軍事都已沒有希望，日本人一打，我們就沒辦法守，那我們還談什麼呢！那麼，現在我們只有一條路，就是全面的造反，全面的革命！」

這一番話，可謂石破天驚，讓國民黨第五軍在座的人心驚肉跳。此後，聞一多、吳晗等教授就上了國民黨的黑名單。

向魯迅懺悔

1944年10月19日，昆明文藝界舉行紀念魯迅逝世八周年晚會。晚會組織者對要不要請聞一多參加，感到為難。因為聞一多過去被認為是「新月派」，罵過魯迅。請了他也不一定來，即使來了，他也不便發表演說，但是不請他又不好。於是組織者派人去和聞一多商量，徵求他的意見。聞一多聽後，馬上表示一定要參加，還要演講，同時又主動幫助去請別的教授。

在紀念晚會上，聞一多發表演講之前，先回過頭去向懸掛著的魯迅畫像深深鞠了一躬，然後說：「魯迅對，魯迅以前罵我們清高，是對的。他罵我們是京派，當時我們在北京享福，他在吃苦，他是對的。」

由於激動，聞一多停頓了一會兒，又接著說：「時間越久，越覺得魯迅先生偉大。今天我代表自英美回國的大學教授，至少我個人，向魯迅先生深深地懺悔！」

最後，他回身指著魯迅畫像旁掛的對聯「橫眉冷對千夫指，俯首甘為孺子牛」，又說：「有人曾說魯迅是『中國的聖人』，就他的這兩句話也是當之無愧的。」

在場的師生聽後，無不欽佩聞一多這種勇於解剖自己的精神。

演講士大夫與中國社會

1944年12月8日、10日、12日，聞一多分別在雲南男女青年會同工讀書會、座談會、西南聯大文史講演會講演「士大夫與中國社會」。未刊手稿中有此講演提綱，分為13小題。聞一多從社會史角度考證、分析儒家的起源和作用，歸結到今天知識份子的道路問題。

「雨洗兵」

1945年5月，西南聯大舉辦「五四」紀念會。會開了不久，下起了傾盆大雨，會場的秩序開始有些混亂。

這時，正值聞一多在臺上講話，見此情景，他大聲說：「今天是雨洗兵，武王伐紂那天，陳師牧野的時候，也是同今天一樣下著大雨。」

學生們被他的演說折服，頓時秩序井然。

金岳霖演講「說不得」

大概在1942年、1943年間，金岳霖的《知識論》第一稿已接近完成。他打算對「名言世界與非名言世界」問題作些探索。馮契問他，是不是想把《論道》和《知識論》溝通起來，金先生說，有這個意思，但不止這一點，非名言所能達的領域很寬廣，譬如說詩的意境、宗教經驗等等。這個問題很複雜。

在這個時候，金先生在西南聯大做了一場演講。馮契聽了這個演講，但忘了演講的題目，主題是治哲學和文學都要碰到一個「說不得」的問題，說不得當然難以言傳，但還要用語言傳達，那麼這種傳達是借助於人的什麼能力和工具來做到的？在這一次演講之後，金先生整理出一篇文稿，題目為〈名言世界與非名言世界〉，內容比公開演講更豐富、更深奧。

在這次演講中，金先生動用他的文學素養，來解釋「說不得」。馮契說，他讀的中外小說比自己多，唐詩、宋詞及古文的許多名篇他都記得很熟，而且還特別欣賞莊子的文采。在公開演講中，把哲學和文學聯繫起來考察，很有深度。

馮契根據金先生演講的內容和他的著作，探討「說不得的東西如何能說」。金岳霖認為哲學達到「天地與我並生，萬物與我為一」，不僅僅是知識論的理性（名言世界），還必須有情意、信仰的作用，因此有其近乎宗教體驗的東西，那是非名言所能抵達的。

金岳霖在演講中說，作為語言藝術的純文學，不論是詩還是小說、戲劇，都旨在給人以超乎名言範圍的東西，因此文學語言不能當作表示命題的陳述句看待。金先生以柳宗元的〈江雪〉舉例說：「即以『千山鳥飛絕』那首詩而論，每一個字都有普遍的意義，如果我們根據普遍的意義去『思議』，對於這首詩所能有的意味就會跟著鳥而飛絕了。」在文學領域，說不得的東西如何能說，要靠想像力來把若干意象綜合成有機整體。如陶淵明的〈結廬在人境〉一詩，把詩人采菊東籬，悠然見南山的夕嵐與飛鳥等形象有機地結合起來，自然表現為超名言的玄遠的境界。

金岳霖先生說，治哲學要遇到說不得的階段。有些哲學家認為，

圖上：向達。
圖下：向達著作之《中西交通史》。

既然説不得，便只好沈默；或者像禪宗和尚那樣，你問他佛法，他只豎起個拂子或用棒喝來回答。但這樣，也就沒哲學了。

「名言世界與非名言世界」這個問題，在馮契的論文中表述為「名言之域與超名言之域」。他和金岳霖先生、湯用彤先生多次討論，在他們的指導下，並從《莊子‧齊物論》獲得靈感，在1944年寫成研究生畢業論文《智慧》。探討的問題是：首先，「元學（智慧）」如何能得，即如何「轉識成智」；其次，如何能「達」，即如何能把那超名言之域的智慧用語言文字表達出來。他在這篇論文中，試圖説明「轉識成智」即由名言之域到超名言之域的飛躍機制。馮契説，這論文受到金先生的影響明顯，術語基本上按金先生的用法。顯然，馮契構思這篇論文，是從聽金先生的演講開始孕育的。

向達演講〈敦煌學導論〉

向達（1900-1966），湖南漵浦人，土家族。歷史學家，敦煌學家。〈唐代長安與西域文明〉是向達的代表作，最初在1933年由哈佛燕京社出版。1940年秋，向達來昆明，在西南聯大歷史系任教。

在任繼愈的記憶中，向達先生的「唐代俗講考」，介紹唐代的寺院培養一批能言善道的僧人，以講故事的方式，向群眾宣傳佛教信仰，講述因果報應。向達先生的演講就像長篇故事有連續性，十天半月講不完。從甲地換到乙地，接著講，聽講者聽得入迷，經常追隨講者也從甲地跟到乙地。任繼愈聽向達的演講時，正在昆明讀北大文科研究所的哲學專業研究生，而向達是北大文科研究所導師。

沈從文在〈湘人對於新文學運動的貢獻〉一文中説：「新文學運動工作之一種，即用新的方法認識遺產。從這個觀點出發，對白

話小說的前期唐代白話小說的發源於講經中『俗講』研究，做出極大努力、為學人稱道，認為有特殊成就的，當為向達先生的工作。向先生在這方面努力治學，生活素樸，為人誠懇態度，尤足為吾湘年青朋友師法。」沈從文之論，顯然是非常熟悉向達的學問，很有可能，沈從文聽過向達演講「唐代俗講考」。

在北大文科研究所研究生周法高的記憶中，向達的演講是另外一種情形。向達寫過一篇〈敦煌學導論〉，膾炙人口。據周法高回憶，向先生曾以此為題在西南聯大發表演講。第一次演說時，慕名前來聽講的人有一二百人，把一個大教室都擠滿了。但是由於他不善言辭，照本宣讀，無所發揮，一直念到晚上十點鐘熄燈還沒有講完，聽講者都聽怕了。第二次到了續講時，前來聽講的人寥寥無幾，教室裏外，門可羅雀。急得當時的助教鄧廣銘把聯大的工友雜役都請去聽講湊數，才未顯得冷場。

1941年，國立中央研究院組織西北史地考察團，其中的歷史考古組由中央研究院歷史語言研究所、中央博物院與國立北京大學聯合組成，向達代表北京大學參加。向達於1942年春經河西走廊到達敦煌，考察了莫高窟（千佛洞）、萬佛峽等處。返回重慶之後，他針對張大千在莫高窟隨意剝離洞窟壁畫的行為，發表了〈論敦煌千佛洞的管理、研究及其連帶的幾個問題〉，並提出建議將千佛洞收歸國有，由學術機關進行管理和開展研究工作，這一建議對後來「敦煌藝術研究所」的成立起到了重要的促成作用。1943至1944年，向達又參加了西北史地考察團，任考古組組長。向達在西北的考古工作持續到抗戰結束。向達在西北進行考古工作，還兼任歷史語言研究所的研究員。

在戰後的四川李莊，向達先生即與中央博物院的友人合議，他說：「人類之所以高出禽獸，因為他有理智慧反省。運用理智和反省，於是創造了文化，脫離了野蠻。但是人類又創造了戰爭，來毀

滅自己，毀滅文化。」他痛惜「歷史上每有一次變亂，文物的損失便增加一次」，於是他們乘美國準備在中國東部沿海登陸強攻日本本土之際，先按美方的要求製備了應予保護的古蹟、古物的圖表、地圖和照片，「對於這些地方相約不毀壞不轟炸」（世人多知日本的奈良等城市是因為梁思成先生的建議而免遭美國空軍的轟炸，但很少有人知道向達先生等也是建議者之一員），並準備隨同美軍行動，負責指導，又向中國有關方面提出日本賠償中國文物損失的建議。（散木〈向達先生四十年祭〉，《書屋》二○○五年第九期）

向達主張對日本提出文物賠償，是基於深深摯愛祖國文化，痛心地目睹了戰爭中文物遭受的劫難，他建議政府向日本追回被搶劫和偷盜的寶貴文物：

> 日本精神上之誇大狂大部分以其掠取之中國古器物、書畫圖籍為寄託之所，故將其視為國寶之中國古器物、書畫圖籍，於戰爭結束後，勒令繳還我國，使其誇大狂之精神無所附依，實為重新教育日本所必需，此一事也。覆次自甲午以後，以迄今茲，我國家與人民在文化上如古器物、書畫圖籍等為日本所掠取盜竊以去者，其損失益不可以數量計，此種責任，日本政府與人民（特別是貴族三井、三菱系之財閥以及黑龍會與滿鐵之御用學者）俱應共同擔負，不容有所分別，故於戰後我應就其公私所藏我國古器物、書畫圖籍指名索取，一方面藉此賠償五十年來我國家與人民在文化上損失，一方面予侵略國家之政府與人民以一種懲戒，此又一事也。

散木的文章中提到，向達先生這篇〈日本對我賠償中關於文物部分賠償的問題〉的文章，後來就發表在《知識與生活》上。

馮友蘭〈論風流〉

1944年9月，馮友蘭做了〈論風流〉的講演，由中文系羅常培教授作開場白。羅常培開玩笑說：「馮友蘭先生要講〈論風流〉，不知道是他的鬍子比聞一多先生的風流呢？還是他說話結結巴巴的風流呢？」聞先生在1937年抗日戰爭開始時留鬍子，並且發誓不到抗戰勝利不剃刮，但是他的頭髮還是很整潔的。而馮先生不但鬍子很長，頭髮也蓬蓬亂，有個哲學系的同學甚至寫了一張大字報說：如果人人都像馮先生這樣，那昆明的理髮店都要關門了。許淵沖在對比聯大兩個大鬍子演講和講課的風格時說：「馮先生說話雖然結巴，但是思想卻非常清晰，分析非常細緻，表達非常簡明，能夠深入淺出，風格猶如靜水流深。聞先生的風格卻如疾風暴雨，帶有雷霆萬鈞之力，兩人的風格流派大不相同。」

馮友蘭先生做了〈論風流〉的講演，其女宗璞的文章也提到了。她寫道：

> 40年代，一天在昆明文林街上走，遇到羅常培先生。他對我說：「今晚你父親有講演，題目是〈論風流〉，你來聽嗎？」我那時的水平，還沒有聽學術報告的興趣。後來知道，那晚的講演是由羅先生主持的。很多年以後，我讀了〈論風流〉，深為這篇文章所吸引。風流四要素：玄心、洞見、妙賞、深情是「真名士自風流」的極好賞析，讓人更加瞭解名士風流的審美的自由人格。這篇文章後來收在《南渡集》中。《南渡集》顧名思義，所收的都是作者在抗戰時寫的論文，1946年已經編就，後來收在全集中。

任繼愈的文章中寫到馮友蘭先生演講時的一件趣聞逸事，由此可見哲學家馮友蘭精神風流。

馮友蘭先生講「禪宗思想方法」，說禪宗的認識論用的是「負的方法」，用否定的詞句表達肯定的意義，以非語言的行為表達語言不能表達的意義，「說就是不說」。講演散會時，天氣轉涼，馮先生帶了一件馬褂，穿在身上，馮自言自語地說，「我穿就是不穿」。這部分內容收入了他的《新知言》一章裏。（任繼愈〈西南聯大課餘學術報告會〉）

馮友蘭演講中國哲學

1943年暑假，聯大文史講座繼續進行，唐蘭講「甲骨文」，游國恩講「楚辭中的女性」，吳晗講「唐宋時代的戰爭」，浦江清講「中國小說之演化」。（齊家瑩編撰《清華人文學科年譜》）

賀麟在聯大講〈知行合一新論〉，對王陽明的「知行合一」，孫中山的「知難行易」，有所發揮。低層次的「知」和低層次的「行」是合一的；高層次的「知」和高層次的「行」是合一的。他說大學教授運用大腦，是大學教授的「知行合一」，舞女運用大腿，是舞女的「知行合一」。主持講演會的湯用彤先生宣佈散會時說：「我們運用大腦完了，也該運用我們的大腿了。」〈知行合一新論〉收入他的《會通集》。（任繼愈〈西南聯大課餘學術報告會〉）

這裏談一談馮友蘭的哲學演講。

馮友蘭多次為聯大的學生做學術講演，講演什麼題目，演講什麼內容。根據當時聯大學生許淵沖〈追憶逝水年華〉記載，我們可以感知一鱗半爪。

1939年7月13日，馮友蘭在昆中北院食堂講〈中國哲學的應用〉，許淵沖在日記中有簡單的記錄，轉抄如下：

如果小孩被石頭絆倒，他就會發怒，大人卻不會，因為小孩是用情感，大人是用理智。中國道家的哲學是「以理化情」。如死是最動情的，但理智上知道有生必有死，就不會動情了。話雖如此，實行起來卻很難，只能做到有情而不為情所累。例如看見某甲打某乙，我們憤憤不平，但事後也就算了；如某甲打的是我，事後還是會憤憤不平的，這就是為情所累，應用哲學，就要學會「以理化情」，學會「無私」，「忘我」，這樣才能有情而不為情所累。

1939年8月2日，馮先生又在昆中北院食堂講〈中和之道〉。這次講演更加重要，許淵沖在日記中記錄如下：

> 一個人可以吃三碗飯，只吃一碗半，大家就說他「中」，其實要吃三碗才算「中」；「中」就是恰好的分量：四碗太多，兩碗太少。「和」與「同」的分別是：「同」中無「異」，「和」中卻有「異」。使每件事物成為恰好的分量就是「和」。
> 這就是「中和」原理。辯證法的由量變到質變是「中」，由矛盾到統一是「和」。
> 應用到個人修養方面，生理上吃飯，喝水，睡覺等得到恰好的分量，就是一個健康的身體；心理上各種慾望滿足到恰好的分量，就是一個健全的人格。應用到社會方面：政治家，軍人，教師等各種人要求權利不太過，要盡責任不太少，就是一個好的社會。應用到政治制度方面，民主政治最接近「中和」。

1942年6月11日，馮先生在昆中北院講〈哲學與詩〉。那時，許淵沖在美國志願空軍機要秘書室任英文翻譯，被派回聯大來聽講，再回秘書室作傳達。馮友蘭先生演講片段如下：

> 宇宙間的東西，有些是可以感覺的，有些是不能感覺而只能思議的，有些是既不能感覺又不能思議的，如「宇宙」就是不可思議的，自然你可以去思議，但你所思議的宇宙，並不是真實存在的這個宇宙。不能感覺而能思議的如「理」、「性」等。
>
> 詩就寫可以感覺的東西，但卻在裏面顯示出不可感覺的，甚至不可思議的東西。詩的含蘊越多越好，滿紙「美」呀「愛」呀，叫人讀起來一點也不美，也不可愛，這是「下乘」；寫「美」寫「愛」也使讀者覺得美，覺得可愛，那是「中乘」；不寫「美」，「愛」，「愁」等字，卻使讀者感到美，愛，愁，才是「上乘」。
>
> 詩的意義越模糊越好，如屈原的《離騷》，你可以說是寫香草美人，也可以說是寫忠君愛國，使人得到的意義越多越好。詩要模糊可用「比」，「興」，如「春蠶到死絲方盡，蠟炬成灰淚始乾」。哲學卻不同，一句話就是一個意思，而且要清楚，否則，哲學就失敗了。

馮友蘭在西南聯大青年學子心中很有影響力，許淵沖在上述記錄中沒有提到聽眾的反應。想來每次演講，聽眾雲集。馮友蘭不僅僅滿足於做哲學史家，他想當哲學家，他的貞元六書在抗戰期間陸續出版，標誌著建立了自己的哲學體系。

　　1945年春天，國民黨召開第六次全國代表大會，馮友蘭在重慶接到蔣介石的晚宴邀請，蔣介石單獨和馮友蘭談話，對馮友蘭說：

「大會要選舉你為中委。」馮友蘭直截了當地說：「我不能當。」蔣介石問為什麼，馮友蘭說：「我要當了中委，再對青年們講話就不方便了。」（馮友蘭《三松堂自序》）

馮友蘭是治中國哲學史的學術權威，在聯大作了多次中國哲學的講演。這並不意味著他的著作不被人批評。1944年11月11日，中國哲學會昆明分會開討論會。洪謙作〈論新理學的哲學方法〉講演，批評馮友蘭的新理學的基本命題不如傳統玄學富有詩意，金岳霖和沈有鼎發言為馮友蘭「解圍」，形成一場「有趣的辯詰」。

黎東方講「三國」

如果時空可以穿梭，易中天回到1944年重慶的劇場，又或者黎東方登上2007年央視的《百家講壇》，兩人同台PK講三國，誰會更受歡迎呢？

黎東方譜名智廉，「東方」是他留學法國護照上用的名字。黎東方1907年出生於江蘇省東台縣河垛場。他先後就學於上海南洋大學附中、北京清華大學，在清華攻史學，為國學大師梁啟超最後之及門弟子。後在巴黎大學專修法國大革命史，師從法國史學大師馬第埃教授。

1931年8月回國，他在北京大學、清華大學主講歷史哲學、法國大革命史和西洋通史。「九一八」事變後，他因支援東北義勇軍，不容於國民黨北方當局，乃倉促南下，轉任廣州中山大學教授。1939年應國民政府教育部長陳立夫之聘，至渝主持史地教育委員會工作，兼大學用書編輯委員會常委，迄於抗戰勝利。在此期間，復在中央、朝陽、復旦各大學兼課，與顧頡剛、傅斯年、繆鳳林等同為中國史學會在渝發起人。（謝嵐〈黎東方：賣票講史第一人〉）

戰時大西南受到日寇飛機轟炸，後方通貨膨脹、物資匱乏，大學教授的生活也極為困難。詼諧幽默、口才出眾的黎東方教授就想到了賣票講史。這就像馮友蘭賣字、聞一多治印一樣，八仙過海，各顯神通。

　　1944年9月24日，黎東方在山東省立實驗劇院（遷移至重慶，山東省立實驗劇院院長王泊生免費借給他場地）開講《三國》。雖然門票價格不斐，一張票法幣40元（當時1美金的官價是法幣20元），然而聽眾踴躍，第一天就來了300多人。接著連講十天，天天爆滿。

　　黎東方講史為何如此受歡迎？黎東方是歷史學家，史事爛熟於胸，按需而取，左右逢源；他又是一位幽默大師，演講風趣詼諧，妙語如珠，常令聽者捧腹，有「現代東方朔」之譽。難怪後來林語堂要把別人贈與自己的「幽默大師」名銜拱手禮讓給黎東方。

　　西南聯大的學術講壇，也吸引了黎東方。據任繼愈的回憶文章，黎東方昆明講「三國歷史講座」，租用省黨部的禮堂，售票講演，送給聯大歷史系教授們一些票。姚從吾、鄭天挺等先生都去聽過，任繼愈也分得一張票。

　　為了適應廣大聽眾的趣味，黎東方講歷史故事時，經常加進一些噱頭。講三國時期呂布與董卓的矛盾，把三國演義的一些情節加以演繹：「呂布充當董卓的貼身侍從武官，住進相府。呂布就在客廳支了一隻行軍床，這樣與貂嬋見面的機會多了，隨便談談三花牌口紅的優劣，談得很投機……」由於黎東方善於隨時加進一些「調料」，他的講演上座率不錯。任繼愈只聽過一次黎東方講三國，在散會回來的路上，他與姚從吾先生隨走隨聊，認為用這種方式向一般市民普及歷史有長處。但這只有黎東方教授特有的天才能辦到，一般學者學不了。

老舍在西南聯大演講

抗戰時，老舍先生身為中華全國文藝界抗敵協會總務部主任，擔負著主持和領導全國文協的重任。他雖為著名作家，但國難當頭，當時的工資和稿費標準都很低，故其一直生活貧困，加之工作勞累，長期營養不良，身體欠佳，身患貧血、頭暈之症。

1941年6月，西南聯大教授羅常培來重慶看望老舍，並帶來了西南聯大邀請他赴聯大演講的邀請函。老舍與羅常培是小學的同窗好友，他們從小在一起玩耍，在一起上學，從小就奠定了深厚的友誼。老舍在〈滇行〉中寫道：「因他（羅）的介紹，我認識了清華大學校長梅貽琦先生，梅先生聽到我的病與生活狀況，決定約我到昆明去住些日子。昆明的天氣好，又有我許多老友，我很願意去。」1941年8月26日，老舍在羅常培的陪同下搭機赴昆明講學和養病。

1946年，老舍與曹禺合影。

1941年9月8日，老舍在西南聯大做首次演講。他的演講總題是〈抗戰以來文藝發展的情形〉，分4次完成。聞一多主持會議並致辭，在介紹老舍的文學成就時，他用熱情的語調讚揚說：「老舍先生

是以活的語言創作了活的文學。」他還談到當時大學中文系與作家的關係：「中國語言文學系培養的對象只是限於『乾嘉遺老』式的和『西風東漸』式的學者，很難出作家。」接著，聞一多針對當時重慶寫舊詩成風的現象提出尖銳的批評：「在今天抗戰時期，誰還熱心提倡寫舊詩，他就是準備做漢奸！汪精衛、黃秋岳、鄭孝胥，哪個不是寫舊詩的赫赫有名家！」聞一多說這幾句話時一臉嚴肅，引得全場震動。在旁的老舍也感到有些愕然，老舍雖然是新文學作家，卻喜歡寫舊體詩，與好友羅常培常有唱和。

當時，日機頻繁空襲昆明，在西南聯大演講時，演講者和聽眾都不得不屢次離開會場去跑警報，待警報解除，廣大師生又爭先恐後紛紛回到會場來，繼續聽老舍的演講。老舍的演講，以其慣有的風趣、幽默和滿腔的愛國熱情，及其流利、地道的京腔而完全征服了聽眾，對青年學生影響尤深。為了進一步擴大老舍的演講在廣大師生中的影響，西南聯大師範學院所辦的《國文月刊》曾將其講稿全文刊載。老舍說：「在（昆明）城中，我講演了六次；雖然沒有什麼好聽，聽眾倒還不少。」

老舍在昆明期間，先是隨羅常培居於青雲街靛花巷3號羅宅之內（楊振聲也住在這棟樓上），後因羅常培生病，須到鄉下休養，老舍又隨其遷往離城約20里的北郊龍泉鎮的龍頭村居住。平常閒暇無事，老舍便與羅常培順著河堤散步，土是紅的，松是綠的，天是藍的，遠處山坡下的村子蒙著一層薄薄的輕霧，馱腳的驢馬帶著銅鈴，順著幽幽的古道遠去。兩人在一起，談些小時候的事情，都快活得要落淚。

在昆明期間，老舍因忙於工作和創作，僅在朋友的邀約和陪同下，到翠湖、金殿、大觀樓、黑龍潭遊覽過一次。就連近在眼前的圓通山和他最為嚮往的西山，也沒時間去遊覽。在他和羅常培等老

友夜遊翠湖時，老舍初見翠湖，竟興奮得像孩子般又笑又鬧，又蹦又跳，還高聲大叫。

更令老舍高興的是在昆明遇見那麼多的老朋友，風流儒雅的楊今甫、多才多藝的羅膺中，還有聞一多、沈從文、卞之琳、陳夢家、朱自清、陳雪屏、馮友蘭、馮至等諸多文壇老友。老舍在〈滇行〉中記錄了老朋友相見時的情形：「楊今甫大哥的背有點駝了，卻還是那樣風流儒雅。他請不起我吃飯，可是也還烤幾罐土茶，圍著炭盆，一談就和我談幾點鐘。羅膺中兄也顯著老，而且極窮，但是也還給我包餃子，煮俄國菜湯吃。鄭毅生，陳雪屏，馮友蘭，馮至，陳夢家，沈從文，章川島，段喆人，聞一多，彭嘯咸，查良釗，徐旭生，錢端升諸先生都見到，或約我吃飯，或陪我遊山逛景。這真是快樂的日子。」

老舍在未到雲南之前，昆明、大理都曾上演過他與劇作家宋之的合寫的歌頌回、漢人民團結抗日的話劇——《國家至上》，故他早已譽滿春城、名揚蒼洱了。1941年10月，應華中大學的熱情邀請，老舍在古琴家查阜西先生的陪同下，到大理作演講和遊覽。

由於雲南的氣候好，老舍在雲南的人緣好，心情好，生活過得很愉快，所以，不僅病也養好了，還寫出了系列散文〈滇行短記〉、回憶性長文〈八方風雨，由川到滇〉、悼念文〈悼趙玉山司機師〉等反映雲南生活的作品。這些文章真實地記錄了他在雲南的行蹤及其所遇、所見、所聞、所思、所感。同時，他還寫成了六場話劇《大地龍蛇》。

1941年10月底，或者11月初，老舍結束了雲南的演講和休養，打算要回重慶，在青雲街靛花巷3號等外出的楊振聲，商量回重慶的事宜。這個時候，已從四川大學來西南聯大任教的蕭滌非來此找卞之琳，解決伙食問題。因為卞之琳還未成家，負擔較輕，蕭滌非和卞之琳曾是四川大學的同事，蕭滌非在昆明生活上有困難，就找卞

之琳互助。不料，卞之琳也外出了，蕭滌非和老舍，兩個抗戰前在山東大學任教的老朋友在此邂逅，蕭滌非不禁狂喜，老舍也笑顏逐開。

　　老舍向蕭滌非說起自己剛創作完的《大地龍蛇》，攤在桌子上，翻到某一頁，對蕭滌非說：「我念一段臺詞給你聽聽。」接著老舍正襟危坐，一本正經地朗誦起來。在蕭滌非的印象中，這段臺詞二百字左右，文句都比較短，他讀得鏗鏘錯落，輕重分明，確實動聽。蕭滌非在〈我和老舍〉文中寫道：「這表明，當他下筆之先，這些臺詞早已爛熟於心，不知默誦了多少遍。」老舍讀完，輕輕地拍了一下桌子，不無自負地說：「滌非，你看，單憑這一段，楊大哥（楊振聲）還不給我買張飛機票送我回重慶。」蕭滌非說：「後來我知道，他的確是坐飛機回去的。」

戰時聯大學者與藏書的命運

清華大學圖書南遷

上世紀三十年代，日寇步步緊逼華北，清華大學有計劃地將校產南遷。1935年11月，精選圖書館所藏古籍中的珍品和西文書、雜誌以及各院系重要儀器設備，裝入417個大箱子，經由天津，一路舟車輾轉，運抵漢口，寄存漢口的上海銀行第一倉庫。這批古籍總6,660種，9,692函，共12,764冊，分裝224大箱，內中有清華館藏全部宋元版書、雍正本《古今圖書集成》、《大清會典》以及眾多縣誌、文集的精善本，是當時館藏古籍的精華。學校極為重視南運古籍的安全，任命專人負責，當時任職於圖書館的唐貫方是主要參與者之一。

顧毓琇〈從求學到教學〉提到，1936年冬，清華大學秘密運圖書、儀器至漢口，每批十列車，每車約運四十箱。蒙京綏路局沈昌局長及陳鴻寶校友賜與便利，幸得安全運出。當時宋哲元的部下對此十分注意，日本人亦有干涉之意圖。

顧毓琇文中提到的清華南運圖書和儀器和上述提到的時間矛盾。另據陳岱孫為《國立西南聯合大學校史》作的序：「為南遷所作另一準備是，在盧溝橋事變前兩年的冬季，清華大學從清華園

火車站，於幾個夜間秘密運好幾列車的教研工作所急需的圖書、儀器，暫存漢口，可以隨時運往新校。」由此判斷，顧毓琇的回憶文章，晚年寫作，記憶可能有誤。

1937年「七七事變」爆發，據唐貫方之子唐紹明回憶，在清華園可聽見隆隆的炮聲，日本飛機還向清華大學扔了炸彈，圖書館北面唐貫方的辦公桌的窗外，炸了一個大坑。有的說是機槍掃射的。唐貫方正在香港省親，聞訊後立即返程。行至上海，接校方令即刻趕赴長沙臨時大學，參與學校南遷工作，留下老母、妻子和幼兒弱女8人在淪陷區北平。1938年初，他被派往漢口，負責搶運這批抗戰前夕南運出的古籍。唐貫方經過多方聯絡，將400多箱善本書裝上「民生」公司船隻運送。誰料行到宜昌，遇日寇飛機濫炸，受阻達4個月之久。他不顧個人安危，日日巡視碼頭，腰系釘袋，手持鐵錘，逐箱檢查、維修、加固。終於弄到船隻，溯長江，過三峽，歷盡艱險，將這批珍貴古籍和儀器設備全部安全運抵重慶，無一受損。（唐紹明〈務本務實　自立自強──懷念我的父親唐貫方〉）

1938年4月，原長沙臨時大學更名為「國立西南聯合大學」，清華、北大、南開三校學生已經遷往雲南昆明。因交通極度困難，學校僅將各系教學急需圖書提運昆明，而古籍善本則留存重慶北碚，寄存在北碚的中央工業試驗所內。1940年初學校以2,000元為代價在北碚鑿山洞一個，然而受託保管者不負責任，將這批寶藏放在地面房屋中，而將此山洞用作自己躲避空襲之所。1940年6月24日，日本飛機瘋狂轟炸北碚，空投的燃燒彈使這批圖籍頓時淹沒在火海中，保管人麻木不仁，待大火燒至第三日晚才通知學校。校方立即組織人員連夜滅火，僅於灰燼中搶得殘卷2,000餘冊，而10,074冊珍本已盡付一炬，其中就有當時館藏的全部宋元版書。館藏古籍蒙受巨大損失，實為書厄之巨，也是清華大學圖書館古籍收藏的一段痛史。這段痛史至今仍讓人扼腕歎息，唏噓不已！

　　清華南運古籍被日機炸毀一事，也在學界引起很大轟動。祝文白在其〈兩千年來中國圖書之厄運〉一文中，將自元至今七百年間的圖書浩劫總結為「五厄」，最後一厄便是「民國中日之戰役」，其中歷數抗戰期間上海涵芬樓藏書、江蘇省立圖書館藏書、清華大學和燕京大學等公私藏書被戰火塗炭的的厄運。罪惡的戰爭豈止是國家和民族的厄運，也給包括圖籍在內的文化遺產帶來了沉重災難！（劉薔〈戰火劫難古籍新生——記清華大學焚餘書始末〉）

　　從歷史上看，書之巨厄，多以兵燹之災為主。毫無疑問，書的厄運就是文化的厄運。不僅館藏善本、孤本化為一縷青煙，而個人累積的藏書也遭到毀滅。戰爭將炮火引燃古籍，書有何罪呢？毀滅的是人類的文明成果。

陳寅恪的藏書被偷了

陳寅恪唐篔夫婦，20世紀50年代攝於中山大學。

　　陳寅恪的藏書有四次劫運：清華園的竊賊；抗戰的流離顛沛途中；內戰時賣書以購煤取暖；文革時的紅衛兵抄家。陳寅恪的書劫，即陳寅恪的痛史。我們來看一下抗戰期間陳寅恪的遭際和他藏書的命運。

　　長沙臨時大學於一學年後，又改名「國立西南聯合大學」，簡稱「聯大」。聯大文法學院初遷蒙自，再遷昆明。陳寅恪1938年春天到蒙自，在蒙自授課僅數月，因學校又歸併為昆明

西南聯合大學，陳寅恪不得不在是年秋天隨校轉往昆明。在作別蒙自後他作詩：「我昔來時落水荒，我今去時秋草長。」

在逃難離京到蒙自授課這段輾轉的經歷中，身體的勞累和困頓還在其次，最令陳寅恪心痛神傷的莫過於在路上幾次遭遇的丟書事件，這對他的身心打擊尤其巨大。陳寅恪喜歡在幾種常讀的書籍上，將自己平日閱覽時的意見，或者發現其中的新問題，寫在每頁的書頭，這樣陳寅恪的很多書可以說凝聚著他研究學問的諸多心血。收藏的書籍或毀於戰火，化為灰燼，或旅途被偷，不翼而飛，對他日後的學術研究工作造成了難以彌補的損失。

1937年11月3日，陳寅恪一家出京，踏上逃難的漫漫長旅。陳寅恪將書籍包好托人寄往長沙。由於交通不便和當時戰事不斷，在陳寅恪抵達長沙的時候，這批書籍還沒有到達。

1938年11月日軍攻佔岳陽逼近長沙，國民黨軍隊為實施堅壁清野戰略，於12日夜間放火，毀房5萬餘棟，死傷市民2萬餘人，長沙陷入一片火海，數十萬人無家可歸。陳寅恪的親戚忙著逃難，親戚家的房子和他的寄存的書籍付之一炬。那些書籍多是他在美國、德國留學時期，節衣縮食買下的，面對書籍遭受的滅頂之災，陳寅恪欲哭無淚，只好仰天長歎。

多年心血毀於大火，陳寅恪在這次戰火中，有多少書化為灰燼，「文革」中，他在第一次交待材料中說：「書的冊書，比現在廣州的書還多。」筆者還沒有查到晚年陳寅恪在廣州藏書的具體數字，想來，毀滅於大火的書籍數量不少。戰爭期間，陳寅恪全家匆匆南渡，除隨身帶了少量書籍和讀書筆記，一部分郵寄到長沙（毀於大火），「未寄出的書存在北平朋友家」。

陳寅恪抗戰勝利後，返回清華園。1948年12月，國共內戰戰事迫近北平郊區，炮聲日隆，陳寅恪、唐篔夫婦身體不好，有心臟病，想去南方暖和之地。陳寅恪應嶺南大學校長陳序經的邀請，決

定去嶺南大學教書。陳寅恪一家別北平，這一次，將書籍寄存北京寡嫂及親戚家中。「後某親戚家所存之書被人偷光，不得已將所餘書籍暫運上海託蔣天樞代管。賣書的錢陸續寄來補貼家用。並將書款在廣州又買一些書。」（蔣天樞《陳寅恪先生編年事輯》上海古籍出版社1997年版）

　　陳寅恪在從香港到蒙自的途中，書被偷竊，真是禍不單行。唐篔在遷移的長途中累病臥床，陳寅恪由香港獨自一人南下蒙自的過程中，經過越南海防時遭竊，隨身攜帶的兩木箱極其珍貴的書籍落入賊手。陳寅恪將需要的文稿、拓片、照片、東西方古籍裝在一個皮箱，交鐵路部門托運——這是他幾十年心血凝聚而成並視為生命的珍貴財富。出人意料的是，皮箱運到蒙自，陳寅恪打開一看，箱內只有數塊磚頭，而書籍、書稿早已不見蹤影。面對這個意外打擊，陳寅恪幾近昏厥，同事趕忙勸慰，分析認為箱子看上去非常上檔次，被鐵路內部的不法人員或者盜賊盯上，打開後將珍貴書籍偷走，為防止過早暴露，放上磚頭移花接木。

　　皮箱的書之所以珍貴，並不是珍籍秘本，而是他曾用蠅頭小楷在書眉詳細記錄有相關的資料以及自己一些新得的本子。據說有很多是有關蒙古史、佛教史和古代東方之書籍。這些眉注本，可說是他研究工作的「半成品」；這些書的損失，造成不可估量的損失。其中有《世說新語》，在書頭上寫的札記和所記別書與它有關的事項最多。他本來想將它寫成《世說新語箋注》，但這套批註的《世說新語》原書多冊，不幸在途中就這樣失去了，這讓陳寅恪非常傷感。這些書籍的價值如此重要，他的損失必然帶來了諸多遺憾，日後很多本來可以完成的著作，沒有實現，於己於人，推而廣之於學術的傳承，這種不可料的損失令人不禁為之扼腕。據說《世說新語箋證》、《高僧傳箋證》等未能成書與這件遺失書籍的事件有直接的關係。1943年底初抵成都的時候，陳寅恪還曾經提到過關於《元

史》一書的事情。在二三十年代，他剛從國外回國的時候，專心致志於元史，用力最勤。他讀過好幾遍《元史》，每有一點心得，就批於書眉，蠅頭細楷，密密麻麻，丹鉛殆遍。可惜在盧溝橋事變後，他攜帶南遷，花費了巨大心血批閱過好幾遍的這部書，托運至重慶附近的時候，竟然毀於兵荒馬亂、炮火空炸中。陳寅恪每言及此事，總有無盡的遺憾。（劉斌等編著《寂寞陳寅恪》，華文出版社2007年版）

從北平到蒙自，手稿、書籍遺散得太多，加上旅途的勞累，陳寅恪初到蒙自即染上瘧疾，精神遭受重創。當時動盪混亂的時局，獨自一人謀生在他鄉，心底不免生出無限的感慨和淒涼。

是年七夕，陳寅恪在蒙自一人度過，有詩曰：「銀漢橫窗照客愁，涼宵無睡思悠悠。人間從古傷離別，真信人間不自由。」客居他鄉，與妻兒分居兩地，逢佳節而難團聚，思親念家之情溢於詩間，讀來感人至深。

時值國破家亡，百姓流離失所，前路輾轉艱辛，腳下的路也不知尚有多少風雨。年近五十的陳寅恪，處於一種無奈、落寞、憂心的境地，只有拿起手中的筆托詩言情：

> 家亡國破此身留，客館春寒卻似秋。
> 雨裏苦愁花事盡，窗前猶噪雀聲啾。
> 群心已慣經離亂，孤注方看博死休。
> 袖手沉吟待天意，可堪空白五分頭。

陳寅恪丟失的藏書和部分手稿，不可再得。但冥冥之間，書和人自有其歸宿，有弟子在越南河內舊書攤上購得老師舊藏一兩冊而歸還主人。人和書歷盡波折重相逢，多少也可慰陳先生的心情。

和陳寅恪有相似經歷的是湯用彤，湯用彤也丟了一批珍貴藏書，導致他學術研究方向的轉變。《漢魏兩晉南北朝佛教史》成書後，湯用彤打算寫定《隋唐佛教史》，於是把有關佛教書籍如《大正大藏》、《宋藏遺珍》等裝箱南運長沙。未久，學校西遷昆明，不幸降臨，兩大箱珍貴的佛教典籍丟失。手中雖有講義，但撰寫大著材料不夠豐富，只得「割愛」，轉治魏晉玄學。

戰爭期間，書的命運和人的命運相似，或者顛沛流離，或者遭遇不測，或者朝不保夕。令人感慨和傷感。戰火是書籍最無知、最狂妄的讀者，將文明的成果化為輕飄飄的灰燼。聯大學者的多少藏書毀於戰火中，無法統計。對於嗜書如命的學者來說，不可能瀟灑地將之視為身外之物，書籍遭受滅頂之災，對學者的打擊無疑是沉重的。

陳岱孫捨棄藏書南渡

1937年抗戰爆發。一切全變了，清華園裏寧靜的教書生活一下子被打亂了。七七事變爆發時，陳岱孫和張奚若、浦薛鳳、陳之邁幾位清華同仁在廬山開會（梅貽琦校長已先去南京，由南京去廬山參加會議），會後陳岱孫和張、陳二人下山北返。

車到天津，平津戰役恰於是日凌晨爆發，交通斷絕。陳岱孫一行困在天津一旅店中，直至平津全部淪陷，火車交通恢復才回北平，暫住城內一友人處。此時，梅貽琦校長尚未回校，陳岱孫在電話中和維持校務的諸同仁聯繫，同仁們因清華大學位於城郊，交通沒有保證，建議陳岱孫不必返校，而是他們來城內匯合，一起開一個緊急校務會議。會議決定讓陳岱孫立即返津南下，和梅校長商量遷校事宜。

1994年4月，陳岱孫回憶自己的一生時，寫下〈我的青年時代——從求學到從教〉一文。他在文中說起當時離開清華大學時的情形：

> 這就意味著我得拋棄我在校內的家，包括我研究課題的草稿和全部原始資料。我當時是有點猶豫的。但一轉念，這次爆發的戰事關係我民族的興亡。打仗總得有損失。我只可當為我的家已毀於炮火。當即決定不返校寓，翌日即回天津，由天津乘船到青島，搭火車到濟南轉南京。到南京後才知道教育部已商定北大、清華、南開聯合在長沙成立臨時大學；三校校長已於數日首途赴長沙。我和陳之邁先生找到了胡適先生等人也奔赴長沙。

　　趕到長沙的陳岱孫一身之外別無長物，臨時大學在長沙和南嶽上了一學期的課，就遷往昆明。

　　聞一多倉促離平，和陳岱孫相似。1937年7月7日，日軍炮轟宛平城，聞一多在清華園聽到槍聲，和大多數學者一樣認為，這是中日的局部衝突。在此之前，聞一多有信致林斯德：「局勢莫測，許多藏書無法處置，將來只好不了了之。」真是一語成讖，7月19日，聞一多帶領孩子南下。沒有想到這一次是永別古都。「行時倉促，家中細軟包括妻子陪嫁首飾全扔在清華園，僅帶了兩部書：《三代吉金文存》《殷墟書契前編》。」（《聞一多年譜長編》）在正陽門火車站，臧克家遇到聞一多，他看到聞一多隻帶了隨身的東西，納悶地問，先生，您的那些書籍呢？聞一多感慨地說：「只帶了一點重要稿件，國家的土地一大片一大片地丟掉，幾本破書算什麼？！」臧克家聽了，自然非常難過。

潘光旦部分藏書歸去來

1937年，北平淪陷後。潘光旦抓緊做了四件事。其一是將最近五六年來所作的關於優生學的短篇文稿169篇編成《優生閒話》一書，此書共約二十萬言，擬將此書納入自己的「人文生物學論叢」系列，列為第4輯，仍準備交商務印書館出版。其二是將《筆記小說大觀》一書中剪貼的資料分類編訂為二十餘冊。其三是準備將《筆記小說大觀》再度快速流覽一遍，將有用的資料剪存，經過兩次爬梳以後，這套書不再保存，即使散失也不可惜。但可惜的是在9月中旬必須離開北平南下時，他只完成了全套書500本的一小半部分。其四是在科舉人物的血緣關係研究課題上，他研究「巍科人物之血緣研究」，又找到了不少資料，有清一代的560個額中，進入他編制的血緣關係網絡的已經達到二百幾十額，大約占百分之四十。

7月26日，潘光旦原準備離家南行的日子，他也考慮到萬一時局變化如何處理的事情。他交代妻子，如果有變故的話，可帶領幾個女兒出走逃難，不要考慮他的豐富藏書怎麼辦，只要帶走他手錄的書目一冊，留作日後紀念即可。南行不成，他回家後的第3日，將祖先的遺墨與家譜舊稿等裝入一個箱子，在第一次進城時送存城內報房胡同的寓所。等到僕人回來後，又囑他將全部藏書，逐日裝存，一星期才畢，共裝了28箱，擬先護送到城裏妥善收藏，將來找機會南運。此時憶及明末屈大均送顧炎武的詩，有「飄零且覓藏書洞，慷慨休聽出塞歌」的句子，竟好像是對自己吟詠一般！

從8月5日至8月底，清華大學校務會議成員4人潘光旦、沈履、馮友蘭、吳有訓每天都聚在一起，半天辦公，晚上則在校長住宅與其他留校同人相見，大家在一起讀路透社消息，聽無線電廣播，「陷虜以後，猶不至沉悶抑鬱以死者，賴有此耳」。

張蔭麟與賀麟（中）、陳銓（右）攝於1926年。

1946年，潘光旦重返清華。他戰前存放城內的書籍命運如何？潘乃穆〈回憶父親潘光旦〉文中說：「戰前存放城內的三十箱圖書、稿件等均已遺失，無蹤可尋。其中有一部分藏書後來居然陸續從舊書攤上買回。」在舊書攤邂逅多年前自己失散的藏書，那感覺，如同破鏡重圓吧。失而復得令人驚喜，也更加令人倍加珍惜。

張蔭麟忍痛拋藏書

張蔭麟不是一個世俗的藏書家，不大講究版本，生性喜歡收書。限於財力，收藏的書其實不夠多。留美時省吃省穿，剩下的錢全給弟妹作教育費。在清華大學執教後，才能有一點點剩餘的錢購買舊書。開頭裝不滿一個書架，慢慢的有好幾排書架了。在好友吳晗的印象中，到離開北平前，他的小書房架上、桌上、椅上、地板上全是書，進出都得當心，不是碰著頭，就是踩著書。所收的以宋人文集為最多，大概有好幾百種。又在廠甸、隆福寺各冷攤搜集辛亥革命史料，得一百幾十種，打算繼續訪求，期以十年，輯為長編，來寫民國開國史。

1937年春天，張蔭麟與吳晗等學者一同跟著清華歷史系西北旅行團，到長安、開封、洛陽遊歷。吳晗在開封相國寺地攤上，偶然

得到排印本的《中興小紀》，那是記清同治史事的，傳本不多見。張蔭麟一見便據為己有，與吳晗討價還價半天，提出用四部叢刊本明清人文集十種對換。吳晗看他貪心的樣子，只好勉強答應。張蔭麟立刻把書塞進他的行李袋，再也不肯拿出來。回校後，吳晗去討賬，張蔭麟在書架上翻了大半天，始終不捨得拿出當天承諾所交換的書籍，只拿出錢牧齋《初學集》、《有學集》兩種塞責。

幾個月後，清華園成天成夜聽見日寇的炮聲，張蔭麟也日夜踱躞於書房中，東摸摸，西看看，看著書歎氣，最後才一狠心，找來吳晗說：「你儘量把書搬走，儘量把書寄出去吧，只要你搬得動，寄得出去就行。」張蔭麟在國難當頭之際，心中一片絕望和哀傷，甚至連他已寫好的十章長編書稿，也沒有帶走，便隻身南下到天目山浙江大學任教去了。四十多天後，吳晗也南下到昆明，臨行前，他自然無力帶走張蔭麟的藏書，但十章長編書稿帶到了昆明。吳晗知道這是張蔭麟的心血結晶，幫他整理、謄錄。1939年，張蔭麟也到了昆明，看到好友謄錄好的書稿，如劫後重逢，驚喜如狂。於是，補寫了第十一章，並寫了自序，作為《中國史綱》上古篇出版，這本經典的史學書至今都有讀者。

吳晗在西南聯大講中國通史，和其他學者不同，總是從石器時代講到抗戰救國十二個大題目，內容多講制度，如兵制、田制、賦稅制等等。聽他講課的人，都感到別出心裁，但不知其淵源所在，原來吳晗是接受了張蔭麟的主張。

張蔭麟離平後，他夫人一股腦兒將其藏書搬進城。到1946年12月，吳晗已從昆明重返北平，寫文〈記張蔭麟〉紀念早逝的好友時，他的書還寂寞地在原來的地點，無人過問。故人已去，藏書猶存，目睹其藏書被拋棄的命運，念想好友的墳頭已是萋萋芳草。吳晗不勝感傷。

吳曉鈴昆明讀曲記

　　1935年，吳曉鈴畢業於北京大學醫學預科。吳曉鈴從進入北大開始，就養成了去廠甸逛舊書肆的習慣，他和古籍書店的掌櫃、擺設浮攤的書販，混得很熟悉。他非常喜歡一邊翻看古籍，一邊和書肆主人交談。「對於書籍的內容雖然他們不一定完全明瞭，可是關於版本的真偽新陳、校勘的精緻錯劣卻知之最詳，這是我們讀書人所不及的。」

　　在戰前的北平，北大的教授和學生，都愛逛書攤，按照自己的學術方向收集古籍。胡適曾對北大的學生說：「這兒距離隆福寺街很近，你們應當常常跑跑，那裏書店的老掌櫃並不見得比大學生懂得少呢！」吳曉鈴受到影響，經常買古代戲曲方面的書籍。他愛聽書攤主人的閒談，裏面透露出不少北大學者的讀書趣味和方向的資訊：「又有一次在廠甸，那書攤的經理人告訴我，周豈明是如何喜愛明清的小品文籍，又怎樣在《論語》上用了向來不曾用過的筆名寫《縊女圖贊》；鄭西諦收集雜劇傳奇，郭紹虞性嗜詩話，馬衡、容庚、唐蘭諸先生則是研究金石文字的專家；還有誰有什麼著作，誰嗜酒，誰怕太太，誰走起路來是一晃一晃……」（〈從廠甸買書說

馬連良先生（前排左一）、吳曉鈴先生（前排右一）與王金璐夫婦合影。

到北平的舊書業〉）那時的書商經常送書上門，用藍布包一大包袱，送到學者家中，看好了就留下，到年底才一起結賬。吳曉鈴這段話中說到的「誰怕太太」，大概指的是胡適，胡適愛買古籍，但書商到年底討賬時，他的太太江冬秀自然不會給書商好臉色看。

1937年，吳曉鈴畢業於北京大學中文系，留校任教。抗日戰爭爆發後，他在北京西郊的燕京大學中國文學系做助教，1938年11月，吳曉鈴接到老師羅常培從從昆明郵寄的一張明信片，上面寫著：「舊店重張，盼速來！」

在離開北平赴昆明前夕，吳曉鈴向顧隨（顧羨季）辭行。顧先生對吳曉鈴說：「孫楷第先生和我都由於健康的關係不能作萬里天南之行，看來羅常培先生把你叫了去，興許是讓你開戲曲和小說的課程！」吳曉鈴和同班同學楊佩銘一起結伴，從天津走海路經上海和香港，再從越南的海防乘滇越鐵路的窄軌火車經河內和老街、雲南的河口、碧色寨和狗街子等地，於1938年12月到達昆明。

羅常培對弟子吳曉鈴幫助很大，經他提攜，請吳曉鈴為大三、大四中文系學生開設教育部定的「雜劇和傳奇」必修課（實際就是中國戲曲史）。吳曉鈴能開起此門課程，得益於他在戰前的學術積累——經常購買、收藏、研讀中國戲曲方面的書籍。我們不妨以吳曉鈴為個案，透視聯大學者的治學和藏書的關係。

吳曉鈴在〈危城訪書得失記〉一文中寫道，從1937年6月到1940年6月，「如果我還有一點兒弄學問的希望的話，那，我願意把留在北平的一年半叫做我的治學的『光明時期』，而避地滇南的一年半叫做我的『黑暗時期』。」「光明時期」有大量的戲曲方面的藏書可讀，而「黑暗時期」沒有書可讀。考慮到身在淪陷的北平，過著被日寇奴役的日子，「光明」就變成了「黑暗」；而在昆明，聯大的學者齊聚一堂，師生弦歌不輟，「黑暗」就變成了光明。對於吳曉鈴那一代學者而言，一生有大半生身在「光明」與

「黑暗」的交織之中。吳曉鈴在北平有大量的私人藏書可讀，這是他多年的積累。

吳曉鈴到昆明後，無書可讀的痛苦自然是聯大學者共同的感受：「您曉得，我喜歡弄戲曲小說，但這裏只能見到世界書局排印的《元曲選》和開明書店重印的《六十種曲》；號稱海內第一曲庫的北平圖書館的藏書現在對於我只是一個不敢回憶的甜蜜的夢，我後悔那時候為什麼不能充分地仔細翻閱那上百種的福堂春的、世德堂的、繼志齋的刻本傳奇和孟稱舜、鄒式金等人輯印的雜劇。」

為了解決無書可讀的痛苦，吳曉鈴讓家人寄來一冊《綏中吳氏綠雲山館藏曲目錄》，這是一個書店的主人替吳曉鈴抄寫的。但這本目錄上抄錄的《六十種曲》的初印本十一種，引起了吳曉鈴痛苦的回憶，那是他心中一個最大的創傷的隱痛。1938年11月，吳曉鈴為了籌集去昆明的盤纏，將《六十種曲》的初印本十九種種賣掉了。「我好像導演了一齣悲劇，生生地將它們和另外的十一種拆散了。」吳曉鈴為何如此痛苦？是因為初印本《六十種曲》中的三十種彌足珍貴。「馬隅卿先生有十四種，鄭振鐸先生有十七種，傅惜華先生有十九種，北平圖書館有十五種左右，開明書店圖書館僅一種，把全國藏書家所藏的初印本放在一起不只是六十種，並且也出不了我這三十種的範圍。」

就在吳曉鈴賣書的時候，他又得到半部《彙纂元譜南曲九宮正始》，愛書人，真是積習難改。他仍舊在百忙而且萬難的狀況下在它的封面印了一方「吳郎之書」的圖章，然後鎖在箱子裏了。從天津到山東半島的海船上，吳曉鈴還為這半部書「生不逢辰」惋惜呢。

在西南聯大，吳曉鈴為了深入地研究中國古代戲曲，1939年暑假期間，花費了20天的時間，集中閱讀中央研究院歷史語言研究所館藏戲曲小說類書籍。史語所為了避免日寇飛機轟炸，疏散到龍泉鎮。吳曉鈴就在村中租了一間房子住。我們可以根據他的記錄，瞭

解一代學人苦讀的情形：「在這短短的時期中，我每天早晨六點鐘隨著晨雞的報曉、農夫的叱牛便起床，整日價在觀音堂彌陀殿裏的書架下在翻，在檢，在詮次，在著錄。晚間，差不多七點鐘就跟著下山的太陽鑽進那所湫隘污穢的小屋裏，蹲在地上，面對著一隻搖晃欲滅的殘燭整理白天所獲得的材料，一方面又要與蚊蚤相鬥爭。這樣，我記下了二百四十種罕見的書籍，分做雜劇、傳奇、清內府承應戲、散曲、曲話六類，寫成一篇《國立中央研究院歷史語言研究所善本戲曲目錄》刊在《圖書季刊》新三卷第三期中。」

吳曉鈴在史語所讀書，每天都寫下日記，記錄所讀之書。這裏抄錄1939年9月9日的日記：

> 夜中，聞村農秣馬聲，以為天明矣。起，開窗望，則仍昏黑如墨，乃複覓枕臥。久久不能入睡鄉，聽簷腳雨聲淅瀝，益復增人冥思，心緒如亂麻！又多時，雞報曉矣！急策杖出，冒雨步泥去寺，寺中靜寂無人聲，視壁上鐘，則方指五時。
>
> 早點後登山，在觀音堂與苑峰兄談古劇與昆弋之別，余謂元劇受印度那狙迦之影響，而又影響及日本之能樂，今元劇絕響久矣，欲考其舞臺演出之情況則非治梵劇、和劇不為功。苑峰極然余言，並出所藏日本之伎樂代面圖為余觀。
>
> 在彌陀殿普通書室抄錄《南京國學圖書館書目》中之曲目，錄至清人散曲止，得百數十種，容再詳查集部諸目，想必更有所獲。
>
> 午餐後，與則良進城。余衣短褐，戴大竹皮帽，背布包，著草鞋，手藤杖；則良執傘提面盆，儼若美洲西部之流浪者，不覺相與大笑。中途值暴雨，衣履盡濕，亦狼狽，亦有趣。四時半抵寓，更衣濯足；稍息便與佩銘出用晚餐。
>
> 夜，於燈下據錢牧齋箋注本校杜詩六首，備暑後講授之用。

山居夜冷，荒村人靜，天際月掛如鈎。遙想吳曉鈴在昏暗的一豆燈光下整理讀書資料，心中多細密的感觸，那一代學人讀書之勤奮，治學之嚴謹，令人感佩。

1940年初冬，吳曉鈴又到龍泉鎮來住，可是史語所早已人去樓空，藏書也都捆載入川。史語所在搬遷圖書的過程中出了意外——舟行江中為風浪所覆，善本書籍頗有損失。「不知那些我所酷愛的戲曲書籍的命運如何，心中十分繫念。這幾年，身外之物的聚散存佚真是不可逆料！」

吳曉鈴整理出1939年書架《讀曲日記》發表，「一半是紀念在這個荒遠的土地上還能看到這許多的秘笈；一半是這些東西的確證實了沉了江，雖然已經撈獲，但是完整無損卻不可蔔，幸好我都讀過了，否則這批未被發現的材料豈不便要永世淪抑不為人所知了嗎。」

1942年8月，吳曉鈴應邀到印度國際大學中國學院任教；同時，研究印度古典戲劇。這位研究古代戲曲小說的專家，還是印度文學專家。

從北平到昆明，吳曉鈴買書、賣書和讀書的經歷，雖然是一個學者的私人記憶，但折射出豐富的歷史資訊。天下愛書人的心思是相通的，大的歷史背景下，個人與書有關的冷暖和甘苦，引起今人的感喟，書外風雲連著書中滋味。

聯大學者忍痛賣書

知識階層最器重、最愛惜的資產就是藏書。由平津南下長沙，再由長沙輾轉到昆明，一路上什麼財物都可以拋棄，唯獨不捨得扔下書箱。圖書資料是讀書人的命根子。但是到了1941年以後，剜肉補瘡，連最後的珍藏也只有忍痛割愛了。

以專門研究明史著稱的吳晗先生，被迫把若干有關明史的藏書轉讓雲南大學圖書館，大哭一場。吳晗忍痛賣書，可能不是一次。有一段時間，夫人袁震嚴重貧血。學生知道此事後，主動提出給袁震獻血，但被吳晗婉言謝絕。他自己卻瞞著人經常給袁震輸血。歷史系的一些學生聽說袁震需要住院動手術，而吳晗沒錢，就提出要募捐。他們把這件事告訴了也在歷史系任教的吳晗好友邵循正，請他勸吳晗接受學生的心意。邵循正聽了，立即要他們趕緊停止。他說，吳晗寧願借錢、賣書，也絕不肯接受同學們捐助的。後來吳晗知道了這事，對妹妹說：「同學們的好意我知道，但是同學們是從大江南北逃亡到後方來的，生活這麼貧困，我怎能接受他們的捐款呢！」最後吳晗還是忍痛把僅剩的珍藏多年的書籍，賣給清華大學圖書館，以解燃眉之急。吳晗的摯友——植物學家蔡希陶，為此風趣地書贈一副對聯：書歸天祿閣，人在首陽山。

吳晗高興地把它貼在牆上苦中求樂。這副對聯把當時吳晗的貧困，寫得真實而又形象。

原北京大學法律系講師、西南聯大法商學院教授費青先生，久病不愈，經濟窘迫，只能將珍藏的德英中文圖書求售；經協商後，由北大法律研究所全部收買。折價法幣3,000元，聊補燃眉之急。現存歷史檔案中，還有當年西南聯大法律學系主任燕樹棠教授「關於收購費青教授藏書」一事致梅貽琦常委函。

1940年，昆明物價暴漲不已，聞一多每月的薪金不足全家十天半月的開銷，月月靠向學校透支或向友人借債解燃眉之急，生活進入了最艱難的階段。為了糊口，家中除必不可少的衣被外，幾乎分批寄賣一空，就連聞一多從北平帶出來的幾部線裝書也忍痛賣給了清華大學圖書館，送書的時候聞一多還非常憐惜地說，將來回北平還贖回來。（《聞一多年譜長編》593頁）可是，上蒼沒有給他這個機

會。他沒有回到北平，不知清華學子在圖書館翻閱到聞一多的昔日藏書，會作如何想。

1943年，時值抗戰最艱難時刻，西南聯大的教授不得不和溫飽作鬥爭。朱自清生活無以為繼，委託在北平的好友俞平伯出售藏書。俞平伯收到朱自清4月16日的來信，上面列出不擬出售的書目，朱請俞售書時留意。同年12月，俞平伯按照朱自清的囑託，將代他售書所得款分期寄至朱自清揚州的老家。

由此來看，聯大學者出售藏書，維持生活，是無奈之舉。售書謀生，並不是個別現象，而是普遍的。

胡適的藏書得到妥善保護

「胡適大名垂宇宙，夫人小腳亦隨之。」胡適的小腳太太，成了民國史上的七大奇事之一。但正是這位小腳的夫人江冬秀，在抗戰烽煙之中，在胡適離開北平、後到美國任大使的情形下，妥善處置胡適的藏書，令人刮目相看。1938年1月，臨大決定西遷昆明。在第43次常委會上，決定聘請胡適為文學院院長。儘管胡適去美國，沒有到聯大就任，這裏也介紹一下他的藏書在戰時的命運。

1937年10月28日，江冬秀寄胡適的信中談及胡適的藏書如何處置。搬書、零物用去五百多元。「你的書都運回來了，就是箱子太重，到了天津打破了十幾隻。又買箱子換過，今天可以裝完。這是北平章元美辦的，這邊係洪芬的侄少爺辦的，存在壽生分行庫裏，每月廿元租錢，共六十九箱，洪芬叫我運去上海，我不能確定，等你告訴我辦法。也許你要怪我不該把書運來，但是朋友幫助我運來了。我看箱子打破，煩極。」

胡適收到江冬秀的這封信，胡適於11月29日回復江冬秀：「我的書都運到天津，我很放心。這時候南方也不安靜，你們最後還是

暫時住在天津再說，書也不必搬走，存在垚生分行庫裏最妥當。你代我謝謝元美、洪芬諸人的幫忙。」信中提到的「垚生」，是竹淼生的弟弟竹垚生，這兄弟倆是當時滬浙金融業的重要人物。

胡適還在這封信裏說：「張子纓太太臨走時，把他的書存在會館裏。後來，員警上門警告大家不可寄存違禁的書。會館裏的人發了急，就把書箱打開，把書都燒了。子纓很傷心。」胡適這是誇他太太能幹，把他千辛萬苦收藏來的書妥善保存好了，免去他的後顧之憂。這六十九箱子書應該是1949年胡適匆忙離開北平時，所留下的藏書中的絕大部分。

胡適的好友趙元任的藏書就沒有這麼幸運了。趙元任和楊步偉夫婦的藏書在戰火中毀於一旦。戰前趙元任和楊步偉夫婦在南京建了一套新居，藏書萬餘冊。抗戰軍興，趙元任忙於中央研究院史語所語音實驗室的儀器、圖書、唱片和資料的搬遷，無暇顧及家中藏書。最後撤離南京，和史語所一起遷到昆明。

趙元任在昆明，聽說家中的一切都毀了，自然非常哀傷。趙元任給

圖上：胡適。
圖下：江冬秀成功地保護了胡適的藏書。1961年，胡適博士由美國返台，胡適夫人江冬秀女士前往機場迎接。

胡適的信中説：「房子無確息，聽説大部被搶一空。我的書除手頭常用語言書，餘皆是『goner』（無可挽回的東西），esp.（特別是）多年的樂譜等。日記及自拍的Snapshots（照片）則在Bob King處了。……我曾經有個創刊號集，有幾十種期刊的創刊號，現在除了《科學》首四本在重慶，餘皆是goner。」趙元任信中所説，他寫的三十多年的日記和拍攝的幾千張照片倖免於難，是因為他和楊步偉在撤離南京前，商量好將這些寶貴資料郵寄到美國老同學Bob King代存。

胡適和趙元任先後去了美國，客居昆明的聯大學者，在抗戰缺少書籍的情況下，仍然出版了大量的經典學術著作。和戰前北平豐富的藏書、便利的治學條件相比，他們非常懷念那時的好時光。

王力在〈戰時的書〉一文寫道：「非但學校的書搬出來的甚少，連私人的書也沒法子帶出來。……回首前塵，實在是不勝今昔之感。」王力認為，這個時代是文人最痛苦的時代，別人只是勞其筋骨、餓其體膚，文人除此之外還有一種更大的悲哀，就是求知欲得不到滿足，因為書籍缺乏，我們的需要得不到滿足。王力在文末寫道：「我們在物質的享受上雖是『竹籬茅舍自甘心』，然而在精神的安慰上卻不免做仰視千七百二十九鶴的美夢。我們深信這美夢終有成為事實的一日，不過現在我們只好暫時忍耐罷了。」王力所説「仰視千七百二十九鶴的美夢」，有一個典故：清朝趙之謙做夢進入鶴山，仰見一千七百二十九鶴，驚醒，因此把輯刊的叢書命名為《仰視千七百二十九鶴叢書》。

錢穆藏書全部散失

錢穆從1930年秋至1937年秋住北平，他一心購藏舊籍，常來往於琉璃廠、隆福寺，與新舊書肆大小老闆，無不熟識。錢氏原藏有

《三朝北盟會編》鈔本半部，出自浙東某名家，紙張墨堪稱一流。1937年春，錢穆在琉璃廠發現此鈔本的另半部，喜出望外，想買下合璧，為攤主察覺，欲購之，攤主問購此殘本何用？錢穆說，此書紙張、字樣、墨蹟、書品皆佳，雖殘本，置案頭，亦堪供欣賞。書商久默不語。其後，錢穆委託書友代購，書商終不肯出手。無可奈何，與此書失之交臂。

時間雖短，但錢穆淘得古書二十萬卷左右，五萬多冊，其中不乏珍本孤籍。如此坐擁書城，卻也來之不易。錢穆薪水所得，節衣縮食，盡耗於書。然而，「苦中有樂」，如錢穆在《師友雜記》中所寫：「北平如一書海，遊其中，誠亦人生一樂事。」平時，錢穆常談笑說：「一旦學校解聘，我就擺一舊書攤，可不愁生活。1937年，錢穆匆匆忙忙南下時，將二十餘箱書籍交於某宅主保管。」

1937年，錢穆的《中國近三百年學術史》出版，此書是他

圖上：晚年趙元任和楊步偉在美國。
圖下：1967年，著名史學家錢穆夫婦由美國來台定居。

在北京大學任教時的講稿，初講之時正值「九・一八」事變驟起。時在北大就讀的杜道生，晚年回憶說，抗戰開始，我們這些學生匆匆逃離母校，書籍大多散失，錢穆先生的《近三百年學術史》也在其中，真是惋惜。1958年，杜道生在一家舊書店發現了這本書，就買了下來。杜道生還有和他的藏書再續前緣的機會，而錢穆則沒有這種可能了，錢穆自此一別古都，再也沒有回到他魂牽夢繞的北京。主人與千辛萬苦淘來的藏書分離，自然是痛苦的。胡適離開大陸後，最終也未能見到他在北京的藏書，晚年寫好遺囑，捐贈給北京大學。

錢穆的藏書，由於種種原因，這些古籍被一書賈以百石米價買去。錢穆電告湯用彤，請書賈保留藏書，一旦回到北平，再贖回。書賈也應允，但最終流散民間。

1949年後，錢穆在香港創辦新亞學院，培養了像余英時這樣的著名學者。在香港時，錢穆的老友張燕謀為新亞研究所購得一部《資治通鑑》。錢穆一翻閱，認出了這書是他的長兄聲一的舊藏，書上有其兄留下的痕跡，「手書書根，書中亦多先兄手跡」。這套書是錢穆從蘇州家中帶到北平的，竟然出現在香港的舊書市。錢穆面對散佚的書，彷彿回到戰前的北平，不由得想起其五萬冊藏書的命運。錢穆藏書，絕不加蓋私章。他曾在北平收藏一部譚延闓的舊藏《皇清經解》，上有譚延闓的藏書印。錢穆不蓋藏書章，覺得每一部古籍「無不經前人藏過」，「何必多增一印，以供他日別人之多一嗟歎乎」。

友亡書散，誠為錢穆晚年一大嗟歎。後來，錢穆兩目猶盲，而一代國學大師已經著作等身，最後與書絕緣，想其他經歷波折起伏的人生，念其聚散無常的藏書命運，感慨繫之。

後記

2009年1月，《絕代風流：西南聯大生活錄》在大陸出版後，得到不少媒體的關注。因此書出版時刪掉一些篇目，令人遺憾。在蔡登山先生的建議下，全本《絕代風流：西南聯大生活錄》分為兩部小書，在臺灣出版，這就是您眼前的《先生之風：西南聯大教授群像》和《絕代風流：西南聯大生活實錄》。在此，對兩書所徵引的史料略作說明。

　　細心的讀者可以發現，我選取的史料，注重聯大師生的日記、自傳、回憶錄、詩詞。同時查閱聯大師生的著述，參照他們的傳記和年譜，參考研究西南聯大的專著，吸收前人的研究成果。在史料的搜集和取捨上，更是下了一番功夫。關於西南聯大的資料和著述，不少互相矛盾，即使聯大教授、學子本人的回憶錄也有記憶不可靠的地方，這就需要鑑別、判斷。我在選取史料時，搜集到兩三種史料互相對照、印證後，才敢放心使用。

　　梅貽琦校長的公子梅祖彥有一篇紀念文章〈南聯大與梅貽琦校長〉，他寫道：「1941年春夏父親和鄭天挺、楊振聲兩先生到重慶辦事，後去四川敘永分校看望師生，又到李莊北大文科研究所瞭解情況，最後到成都訪問了武漢大學和四川大學。」查《梅貽琦日記》，梅貽琦是和鄭天挺、羅常培到重慶辦事，此時，楊振聲在敘

永，任分校主任。梅、鄭、羅到敘永看望師生，6月13日，日記中記錄：「八點餘早點後與鄭、羅往今甫處，見其病勢大似瘧疾。」

許淵沖先生的《追憶逝水年華》一書中，有一篇題為〈那一代人的愛情〉的文章提到，西南聯大有四大單身教授（光棍）：吳宓、金岳霖、陳岱孫和李繼侗。我查閱了大量資料，發現李繼侗並非單身教授，他有一個兒子，讀了兩年專修班之後考入西南聯大。西南聯大的確多光棍，無妻子兒女一身輕，物理學教授葉企孫終身未娶，美籍教授溫德也是終身未娶。楊振聲曾寫一篇遊戲文章〈釋鰥〉，在教授間傳閱。西南聯大有四大單身教授（光棍），這個正確的提法應該是吳宓（離異）、金岳霖、陳岱孫和葉企孫。

陳寅恪先生的詩，我引用了幾首。各種著述，詩句多不一致。有版本的原因，也有傳播中的錯字。對陳寅恪詩的解釋和理解，更是眾說紛紜。經過比較，陳寅恪的詩依據胡文輝的《陳寅恪詩箋釋》（上下冊）所錄版本，並參考他的箋釋。

在此需要說明的是，我寫的這本小書，自認為不是嚴格的學術著作，為了不影響閱讀的節奏，對所引用資料沒有全部一一注明。書中寫到的每一個人物，都已有大量的著述，要想超越已有的研究成果很難，發前人所未發，更難。我寫每一篇文章，儘量做到角度新穎，復原被遮蔽的生活細節，集中呈現歷史宏大敘事下忽略的人情人性之美，希望能給讀者以趣味和啟迪，希望我們能得西南聯大之風流餘韻。除了行文中說明資料來源，將主要參考書目附錄書後。在此對前輩和師友致謝。由於著者學力淺薄，再加上受到第一手史料的限制，書中硬傷（指文字、詞彙、語法上的錯誤）和錯失難免，懇請方家批評指正。

bdlyq618@163.com，這個信箱，歡迎您的批評和建議。

劉宜慶　2009年3月12日於青島

附錄一：西南聯大簡史

1937年7月7日盧溝橋事變爆發，北平、天津相繼於29日、30日淪陷敵手。8月19日，北大、清華、南開三校領導與教育部協商南遷事宜，9月10日教育部正式下令，北大、清華、南開聯合組成國立長沙臨時大學，由教育部長王世傑兼任籌委會主任，北大校長蔣夢麟、清華校長梅貽琦、南開校長張伯苓任常務委員，籌委會委員還有楊振聲（秘書主任，教育部代表），朱經農（湖南省教育廳長），皮宗石（湖南大學校長）及教授代表胡適（北大），顧毓琇（清華）和何廉（南開）。以後三位常委和秘書主任組成常務委員會，負責領導全校工作，楊振聲任中國文學系教授（北大編制）。8月底三校分別通知各地師生到長沙報到。經緊張籌備，10月26日在長沙舉行開學典禮，11月1日開始上課。1941年3月7日常委會決議以11月1日為聯合大學校慶日。

長沙臨時大學的校舍租用聖經學校、49標營房、涵德女校和湖南大學的房屋。因到校學生有1500人，校舍不敷應用，文學院改設於南嶽聖經學校分校（稱長沙臨大南嶽分校），11月19日上課；機械系航空組在南昌航空機械學校寄讀，化工系在重慶大學寄讀。全校共設十七個系：文學院有中國文學系、外國語文學系、歷史社會學系、哲學心理教育學系；理學院有算學系、物理學系、化學系、生物學系、地質地理氣象學系；法商學院有經濟學系、政治學系、法

律學系、商學系；工學院有土木工程學系、機械工程學系、電機工程學系、化學工程學系。

1937年12月13日南京陷落。1938年1月19日最高當局批准長沙臨大西遷昆明。1月24日期末考試開始，本學期上課12周。文學院師生於學期結束後遷返長沙。

1938年1月底開始西遷，分三路入滇。第一路為湘黔滇旅行團。該團由長沙經湘西入滇，全程1660多公里，步行約1300公里，歷時68天，4月28日抵昆。團長為東北軍黃師岳中將，學生284人組成18個小隊，教師11人組成輔導團，五位教授黃鈺生（南開），曾昭掄（北大），李繼侗（清華），聞一多（清華），袁復禮（清華）組成指導委員會，黃鈺生任主席。有三位軍官分任參謀長和大隊長，隨團配有炊事員和大夫，有兩輛卡車運送行李。師生們一路調查，考察，採集標本，收集民歌、民謠，訪問少數民族村寨，受到貴州省政府和沿途各地政府、人民的熱情接待。學生們不僅經受了體力和意志的鍛煉，還學到了許多課堂裏、書本上學不到的東西。這是中國教育史上的一次創舉。第二條路線由長沙經廣州、香港、海防、河內和滇越鐵路入昆明，沿途均設接待站。第三條路線由陳岱孫教授組織，從長沙經桂林、南寧、河內和滇越鐵路進入昆明，馮友蘭、朱自清教授等均走此路線。

西南聯大決定遷昆後，租得大西門外昆華農業學校、拓東路迤西會館、江西會館、鹽行倉庫等處為校舍，仍不敷應用。常委會遂於3月15日決定設蒙自分校，文、法學院在蒙自上課。理學院及校本部在大西門外，工學院在拓東路。1938年5月4日全校開始上課。1938年8月23日文法學院遷回昆明。7月購得昆明市西北角城外荒地124畝為校址，並請建築大師梁思成、林徽因夫婦設計。8月遵教育部令增設師範學院，並將哲學心理學系的教育學部分劃歸師院，後雲南大學教育系也併入。9月28日，日機9架首次空襲昆明，西南聯

大租借的昆華師範學校被炸。1939年4月新校舍落成，有學生宿舍36棟（土牆茅草頂），教室、辦公室、實驗室56棟（土牆鐵皮頂），食堂2棟，圖書館1棟（均磚木結構）。

1940年法國投降，日軍進入越南（當時稱安南），日機由越南起飛頻繁來襲，因此又起遷校之議。1940年11月決定在四川敘永成立分校，一年級新生到敘永報到。1941年1月6日敘永分校開始上課，到校新生600餘人。後局勢趨穩，8月，分校師生遷回昆明。

1938年設立師範學院後，1940年歷史社會系又分為歷史學系和社會學系，後者歸入法商學院。從此聯大有五院26系2個專修科，即文學院：中國文學系、外國語文學系、歷史學系、哲學心理學系；理學院：算學系、物理學系、化學系、生物學系、地質地理氣象學系；法商學院：法律學系、政治學系、經濟學系、社會學系、商學系；工學院：土木工程學系、機械工程學系、電機工程學系、航空工程學系、化學工程學系、電訊專修科；師範學院：國文系、英語系、史地系、公民訓育系、數學系、理化系、教育學系、師範專修科。1939年增設先修班，1940年增設附中、附小。

1945年8月15日，日本宣佈無條件投降。因交通梗阻，西南聯大繼續在昆辦學一年。1945年12月1日，昆明發生「一二‧一」慘案，國民黨暴徒闖入西南聯大師範學院，進攻西南聯大新校舍，昆明師生於再、潘琰、李魯連、張華昌犧牲，重傷25人，輕傷30餘人。以西南聯大師生為主掀起了全國性的一二‧一愛國民主運動高潮。1946年7月15日，聞一多被特務槍殺，李聞血案，震驚全國。

1946年5月4日，西南聯大舉行結業典禮，在昆明立碑以紀念三校在抗戰中的艱苦合作。聯大教學活動結束，三校開始北返平津。7月31日，西南聯大宣佈正式結束。西南聯大前後歷時九年，終於實現校歌中「還燕碣」的願望。聯大師範學院改為國立昆明師範學院。

附錄二：西南聯大紀念碑

今日雲南師範大學的東北角，樹有國立西南聯合大學紀念碑，是聯大三校於1946年5月4日所立。紀念碑正面碑文由聯大文學院院長馮友蘭撰文，中文系教授聞一多篆額，中文系主任羅庸書丹，人稱「三絕碑」。碑的背面，刻滿了當年投筆從戎的834名學生的名字。

〈西南聯大紀念碑碑文〉

中華民國三十四年九月九日，我國家受日本之降於南京，上距二十六年七月七日盧溝橋之變，為時八年；再上距二十年九月十八日瀋陽之變，為時十四年；再上距清甲午之役，為時五十一年。舉凡五十年間，日本所鯨吞蠶食於我國家者，至是悉備圖籍獻還。全勝之局，秦漢以來，所未有也。

國立北京大學、國立清華大學，原設北平；私立南開大學，原設天津。自瀋陽之變，我國家之威權逐漸南移，惟以文化力量，與日本爭持於平津，此三校實為其中堅。二十六年，平津失守，三校奉命遷於湖南，合組為國立長沙臨時大學，以三校校長蔣夢麟、梅貽琦、張伯苓為常務委員，主持校務，設法、理、工學院於長沙，文學院於南嶽，於十一月一日開始上課。迨京滬失守，武漢震動，

臨時大學又奉命遷雲南。師生徒步經貴州，於二十七年四月二十六日抵昆明。旋奉命改名為國立西南聯合大學，設理、工學院於昆明，文、法學院於蒙自，於五月四日開始上課。一學期後，文、法學院亦遷昆明。二十七年，增設師範學院。二十九年，設分校於四川敘永，一學年後，並於本校。昆明本為後方名城，自日軍入安南、陷緬甸，又成後方重鎮。聯合大學支持其間，先後畢業學生二千余人，從軍旅者八百餘人。

河山既復，日月重光，聯合大學之戰時使命既成，奉命於三十五年五月四日結束。原有三校，即將返故居，復舊業。緬維八年支持之苦辛，與夫三校合作之協和，可紀念者，蓋有四焉：我國家以世界之古國，居東亞之天府，本應紹漢唐之遺烈，作並世之先進。將來建國完成，必於世界歷史，居獨特之地位。蓋並世列強，雖新而不古；希臘、羅馬，有古而無今。惟我國家，亙古亙今，亦新亦舊，斯所謂「周雖舊邦，其命維新」者也！曠代之偉業，八年之抗戰已開其規模、立其基礎。今日之勝利，於我國家有旋乾轉坤之功，而聯合大學之使命，與抗戰相終始，此其可紀念者一也。文人相輕，自古而然，昔人所言，今有同慨。三校有不同之歷史，各異之學風，八年之久，合作無間，同無妨異，異不害同，五色交輝，相得益彰；八音合奏，終和且平。此其可紀念者二也。萬物並育而不相害，道並行而不相悖，小德川流，大德敦化，此天地之所以為大。斯雖先民之恒言，實為民主之真諦。聯合大學以其相容並包之精神，轉移社會一時之風氣，內樹學術自由之規模，外來「民主堡壘」之稱號，違千夫之諾諾，作一士之諤諤。此其可紀念者三也。

稽之往史，我民族若不能立足於中原，偏安江表，稱曰南渡。南渡之人，未有能北返者：晉人南渡，其例一也；宋人南渡，其例二也；明人南渡，其例三也。「風景不殊」，晉人之深悲；「還我河山」，宋人之虛願。吾人為第四次之南渡，乃能於不十年間，

收恢復之全功。庚信不哀江南，杜甫喜收薊北。此其可紀念者四也。聯合大學初定校歌，其辭始歎南遷流離之苦辛，中頌師生不屈之壯志，終寄最後勝利之期望。校以今日之成功，歷歷不爽，若合符契。聯合大學之始終，豈非一代之盛事，曠百世而難遇者哉！爰就歌辭，勒為碑銘，銘曰：痛南渡，辭官闕。駐衡湘，又離別。更長征，經嶢嶸。望中原，遍灑血。抵絕徼，繼講說。詩書喪，猶有舌。盡笳吹，情彌切。千秋恥，終已雪。見倭寇，如煙滅。起朔北，迄南越，視金甌，已無缺。大一統，無傾折，中興業，繼往烈。維三校，兄弟列，為一體，如膠結。同艱難，共歡悅，聯合竟，使命徹，神京復，還燕碣。以此石，像堅節，紀嘉慶，告來哲。

附錄三：西南聯大校歌

羅庸教授作詞，馮友蘭教授作「勉詞」，張清常教授作曲。

〔校歌詞〕

（滿江紅）萬里長征，辭卻了五朝宮闕。暫駐足衡山湘水，又成離別。絕徼移栽楨幹質，九州遍灑黎元血。盡笳吹弦誦在山城，情彌切。千秋恥，終當雪；中興業，須人傑。便一成三戶，壯懷難折。多難殷憂新國運，動心忍性希前哲。待驅除仇寇復神京，還燕碣。

〔勉詞〕

西山滄滄，滇水茫茫，這已不是渤海太行，這已不是衡嶽瀟湘。同學們，莫忘記失掉的家鄉，莫辜負偉大的時代，莫耽誤寶貴的辰光。趕緊學習，趕緊準備，抗戰建國都要我們擔當！同學們，要利用寶貴的辰光，要創造偉大的時代，要恢復失掉的家鄉。

主要參考書目

《國立西南聯合大學史料》（六卷），北京大學、清華大學等編，雲南教育出版社，1998年10月第1版。

《國立西南聯合大學校史：一九三七年至一九四六年的北大、清華、南開》，西南聯合大學北京校友會編，北京大學出版社，2006年1月第1版。

《茄吹弦誦在春城——回憶西南聯大》，西南聯大校友會編，雲南人民出版社、北京大學出版社，1986年10月第1版。

《抗戰時期文化名人在昆明》（一），雲南美術出版社，2000年12月第1版。

《抗戰時期文化名人在昆明》（二），雲南人民出版社，2002年1月第1版。

《西南聯大‧昆明記憶》（全三冊：一、文人與文壇；二、文化與生活；三、學人與學府），余斌著，雲南民族出版社，2003年10月第1版。

《西南聯大與現代中國研究》，伊繼東、周本貞主編，人民出版社，2008年版。

《精神的雕像：西南聯大紀實》，李洪濤著，雲南人民出版社，2001年6月第1版。

《昆明文史資料選輯》第44輯，昆明市政協文史委。

《西南聯大紀事》第46輯，昆明市政協文史委。

《西南聯大的斯芬克司之謎》，楊立德著，雲南人民出版社，2005年5月第1版。

《世界教育史上的長征：西南聯大湘黔滇旅行團紀實》，雲南師範大學編。

《西南聯大：戰火的洗禮》，趙新林、張國龍著，上海教育出版社，2000年12月第1版。

《西南聯大：戰爭與革命中的中國大學》，【美】易社強（John Israel）著，饒佳榮譯。

《西南聯大與中國現代知識份子》，謝泳著，湖南文藝出版社，1998年版。

《過去的大學》，鍾叔河、朱純編，長江文藝出版社，2005年12月第1版。

《我與北大（老北大話北大）》，王世儒、聞笛主編，北京大學出版社，1998年4月第1版。

《走進北大》，錢理群主編，四川人民出版社，2000年1月第1版。

《永遠的清華園——清華子弟眼中的父輩》，宗璞、熊秉明主編，北京出版社，2000年4月第1版。

《清華人文學科年譜》，齊家瑩編，清華大學出版社，1998年6月第1版。

《走進清華》，葛兆光主編，四川人民出版社，2000年1月第1版。

《老清華的故事》，繆名春、劉巍編，江蘇文藝出版社，1998年12月第1版。

《張伯苓紀念文集》，南開大學校長辦公室編，南開大學出版社，1986年1月第1版。

《允公允能　日新月異——南開大學校長張伯苓》，梁吉生著，山東教育出版社，2003年12第1版。

《百年家族——張伯苓》，侯杰、秦方著，河北教育出版社，2004年10月第1版。

《何廉回憶錄》，[美]何廉著，朱佑慈等譯，中國文史出版社，1988年版。

《梅貽琦日記（1941-1946）》，黃延復、王小寧整理，清華大學出版社，2001年4月第1版。

《新潮·西潮》，蔣夢麟著，岳麓書社，2000年9月第1版。

《傅斯年》山東省政協文史委，聊城師範學院歷史系合編，山東人民出版社，1991年8月第1版。

《楊振聲編年事輯初稿》，季培剛編著。黃河出版社，2007年7月第1版。

《楊振聲選集》，楊振聲著，人民文學出版社，1986年11月第1版。

《新人生觀·鴨池十講》，羅家倫、羅庸著，遼寧教育出版社，1997年3月第1版。

《狂人劉文典》，章玉政著，廣西師範大學出版社，2008年5月第1版。

《聞一多年譜長編》，聞黎明、侯菊坤編，湖北人民出版社，1994年7月第1版。

《清華園日記　西行日記》（增補本），浦江清著，生活·讀書·新知三聯書店，1999年11月第1版。

《無涯集》，浦江清著，浦漢明、彭書麟編選，百花文藝出版社，2005年5月第1版。

《朱自清全集‧日記》（第九卷、第十卷），朱喬森編，江蘇教育出版社，1998年3月第1版。

《朱自清圖傳》，姜建、王慶華著，湖北人民出版社，2006年9月第1版。

《沈從文別集》（20本），沈從文著，岳麓書社，1992年12月第1版。

《沈從文傳》，【美】金介甫著，符家欽譯，國際文化出版公司，2005年10月第1版。

《沈從文年譜》，吳世勇編，天津人民出版社，2006年6月第1版。

《我所認識的沈從文》，朱光潛、張充和等著，荒蕪編，嶽麓書社，1986年7月第1版。

《一代宗師魏建功》，馬嘶著，文化藝術出版社，2007年2月第1版。

《陳寅恪集》，陳寅恪著，生活‧讀書‧新知三聯書店，2001年6月第1版。

《陳寅恪先生編年事輯》，蔣天樞著，上海古籍出版社，1997年10月第1版。

《陳寅恪詩箋釋》（上下冊），胡文輝著，廣東人民出版社，2008年6月第1版。

《史家陳寅恪傳》，汪榮祖著，北京大學出版社，2005年3月第1版。

《陳寅恪與傅斯年》，岳南著，陝西師範大學出版社，2008年6月第1版。

《天津文史資料選輯》（第二十八輯），天津市政協文史委編，天津人民出版社。

《八十憶雙親　師友雜憶》，錢穆著，生活‧讀書‧新知三聯書店，1998年9月第1版。

《國學宗師錢穆》，陳勇著，北京大學出版社，2007年7月第1版。

《吳晗傳》，蘇雙碧、王宏志著，上海人民出版社，1998年11月版。

《素癡集》，張蔭麟著，百花文藝出版社，2005年5月第1版。

《張蔭麟先生紀念文集》，周忱編選，漢語大辭典出版社，2002年10月第1版。

《吳宓詩集》，吳宓著，商務印書館，2004年11月第1版。

《吳宓日記1910～1948》（Ⅰ～Ⅹ），吳宓著，吳學昭整理，生生活‧讀書‧新知三聯書店，1998年、1999年版。

《一代才子錢鍾書》，湯晏著，上海人民出版社，2005年5月第1版。

《聽楊絳談往事》，吳學昭著，生活‧讀書‧新知三聯書店，2008年10月第1版。

《錢鍾書與近代學人》，李洪岩著，百花文藝出版社，2007年1月第1版。

《陳銓：異邦的借境》，季進、曾一果著，文津出版社，2005年8月第1版。

《「學衡派」譜系——歷史與敘事》，沈衛威著，江西教育出版社，2007年8月第1版。

《馮至傳》，陸耀東著，北京十月文藝出版社，2003年9月第1版。

《三松堂自序》，馮友蘭著，人民出版社，2008年4月第2版。

《馮友蘭自述》，馮友蘭著，中國人民大學出版社，2004年11月第1版。

《道通天地馮友蘭》，范鵬著，山東畫報出版社，1998年2月第1版。

《解讀馮友蘭》（學者研究卷、學人紀念卷），單純、曠昕主編，海天出版社，1998年6月第1版。

《解讀馮友蘭》（親人回憶卷），宗璞、蔡仲德著、海天出版社，1998年6月第1版。

《金岳霖的回憶與回憶金岳霖（增補本）》，劉培良主編，四川教育出版社，2000年11月第1版。

《費正清對華回憶錄》，【美】費正清著，知識出版社，1992年5月第1版。

《陳岱孫遺稿和文稿拾零》，陳岱孫著，北京大學出版社，2005年9月第1版。

《潘光旦圖傳》，呂文浩著，湖北人民出版社，2006年8月第1版。

《浪跡十年・人生採訪》（民國叢書第3編071），陳達・蕭乾著，上海書店出版社，1990年11月第1版。

《為接朝霞顧夕陽——一個生理學科學家的回憶錄》，湯佩松著，科學出版社，1988年9月第1版。

《一代師表葉企孫》，錢偉長主編，上海科學技術出版社，1995年4月第1版。

《中國科技的基石——葉企孫和科學大師們》，虞昊、黃延復著，復旦大學出版社，2000年10月第1版。

《核子物理先驅——趙忠堯傳》，段治文、鍾學敏著，浙江人民出版社，2007年11月第1版。

《吳有訓圖傳》，林家治著，湖北人民出版社，2006年9月第1版。

《曙光集》，楊振寧著，翁帆編譯，生活・讀書・新知三聯書店，2008年1月第1版。

《緬邊日記》，曾昭掄著，遼寧教育出版社，1998年3月第1版。

《胡適日記全編》（8冊），曹伯言整理，安徽教育出版社，2001年1月第1版。

《北京大學圖書館藏胡適未刊書信日記》，北京大學圖書館編，清華大學出版社，2003年07月第1版。

《胡適論學往來書信選》（全二冊），杜春和等編，河北人民出版社，1998年8月第1版。

《一對小兔子——胡適夫婦兩地書》，陳漱渝編，湖南教育出版社，2006年12月第1版。

《國文通才王力》，王緝國、張谷著，北京大學出版社，2008年1月第1版。

《龍蟲並雕齋瑣語》，王力著，商務印書館，2002年12月第1版。

《費孝通散文》，費孝通著，張冠生編，浙江文藝出版社，1999年4月第1版。

《鄉土先知費孝通》，張冠生著，北京大學出版社，2006年2月第1版。

《歲月、命運、人——李廣田傳》，李岫著，人民文學出版社，2006年1月第1版。

《遺留韻事——施蟄存游蹤》，沈建中著，文匯出版社，2007年8月第1版。

《吳曉鈴集》（五卷），吳曉鈴著，河北教育出版社，2006年1月第1版。

《汪曾祺全集》，汪曾祺著，北京師範大學出版社，1998年7月第1版。

《老頭兒汪曾祺——我們眼中的父親》，汪朗、汪明、汪朝著，中國人民大學出版社，2000年1月第1版。

《長相思：朱德熙其人》，何孔敬著，中華書局，2007年10月第1版。

《山陰道上：許淵沖散文隨筆選集》，許淵沖著，中央編譯出版社，2005年6月第1版。

《追憶逝水年華》，許淵沖著。三聯書店，1995年11月第1版。

《續憶逝水年華》，許淵沖著，湖北人民出版社，2007年12月第1版。

《離亂弦歌憶舊游》，趙瑞蕻著。文彙出版社，2000年5月第1版。

《上學記》，何兆武口述，文靖撰寫，生活·讀書·新知三聯書店，2006年8月第1版。

《讀史閱世六十年》，何炳棣著，廣西師範大學出版社，2005年7月第1版。

《川上集》，唐振常著，生活·讀書·新知三聯書店，1996年11月第1版。

《亂世浮生：1937-1945中國知識份子生活實錄》，帥彥著，中華書局，2007年6月第1版。

世紀映像叢書

1. 百年記憶－中國近現代文人心靈的探尋
   蔡登山・著

2. 青山有史－台灣史人物新論
   謝金蓉・著

3. 雪泥鴻爪－近代史工作者的回憶
   陶英惠・著

4. 大師的零玉－陳寅恪，胡適和林語堂的一些瑰寶遺珍
   劉廣定・著

5. 玫瑰，在她如此盛開的時候－探索女性文學的綺麗世界
   朱嘉雯・著

6. 錢鍾書與書的世界
   林耀椿・著

7. 徐志摩與劍橋大學
   劉洪濤・著

8. 魯迅愛過的人
   蔡登山・著

世紀映像叢書

世紀映像叢書

世紀映像叢書

世紀映像叢書

世紀映像叢書

國家圖書館出版品預行編目

絕代風流：西南聯大生活實錄 / 劉宜慶作. --
一版. -- 臺北市：秀威資訊科技, 2009.08
　　面； 公分. --（史地傳記類；PC0091）
BOD版
參考書目：面
ISBN 978-986-221-253-0（平裝）

1.西南聯合大學　2.學生生活

525.8235/101　　　　　　　　　　98011032

史地傳記　PC0091

絕代風流──西南聯大生活實錄

作　　　者 / 劉宜慶
主　　　編 / 蔡登山
發　行　人 / 宋政坤
執 行 編 輯 / 林泰宏
圖 文 排 版 / 鄭維心
封 面 設 計 / 蕭玉蘋
數 位 轉 譯 / 徐真玉、沈裕閔
圖 書 銷 售 / 林怡君
法 律 顧 問 / 毛國樑　律師

出 版 印 製 / 秀威資訊科技股份有限公司
　　　　　　台北市內湖區瑞光路583巷25號1樓
　　　　　　電話：02-2657-9211　傳真：02-2657-9106
　　　　　　E-mail：service@showwe.com.tw
經　銷　商 / 紅螞蟻圖書有限公司
　　　　　　台北市內湖區舊宗路二段121巷28、32號4樓
　　　　　　電話：02-2795-3656　傳真：02-2795-4100
　　　　　　http://www.e-redant.com

2009 年 8 月　BOD 一版
定價：300 元

讀 者 回 函 卡

感謝您購買本書，為提升服務品質，煩請填寫以下問卷，收到您的寶貴意見後，我們會仔細收藏記錄並回贈紀念品，謝謝！

1.您購買的書名：＿＿＿＿＿＿＿＿＿＿＿＿＿＿＿＿＿＿＿＿

2.您從何得知本書的消息？

　　□網路書店　□部落格　□資料庫搜尋　□書訊　□電子報　□書店

　　□平面媒體　□ 朋友推薦　□網站推薦 □其他＿＿＿＿＿＿

3.您對本書的評價：(請填代號　1.非常滿意 2.滿意 3.尚可 4.再改進)

　　封面設計＿＿　版面編排＿＿　內容＿＿　文/譯筆＿＿　價格＿＿

4.讀完書後您覺得：

　　□很有收獲　□有收獲　□收獲不多　□沒收獲

5.您會推薦本書給朋友嗎？

　　□會　□不會，為什麼？＿＿＿＿＿＿＿＿＿＿＿＿＿＿＿＿＿

6.其他寶貴的意見：＿＿＿＿＿＿＿＿＿＿＿＿＿＿＿＿＿＿＿＿

＿＿＿＿＿＿＿＿＿＿＿＿＿＿＿＿＿＿＿＿＿＿＿＿＿＿＿＿＿＿

＿＿＿＿＿＿＿＿＿＿＿＿＿＿＿＿＿＿＿＿＿＿＿＿＿＿＿＿＿＿

＿＿＿＿＿＿＿＿＿＿＿＿＿＿＿＿＿＿＿＿＿＿＿＿＿＿＿＿＿＿

讀者基本資料

姓名：＿＿＿＿＿＿＿＿＿＿　年齡：＿＿＿＿　性別：□女 □男

聯絡電話：＿＿＿＿＿＿＿＿　E-mail：＿＿＿＿＿＿＿＿＿＿

地址：＿＿＿＿＿＿＿＿＿＿＿＿＿＿＿＿＿＿＿＿＿＿＿＿＿＿＿

學歷：□高中(含)以下　　□高中　□專科學校　□大學

　　　□研究所(含)以上 □其他＿＿＿＿＿＿＿＿

職業：□製造業 □金融業 □資訊業 □軍警 □傳播業 □自由業

　　　□服務業 □公務員 □教職　□學生 □其他＿＿＿＿＿＿

(請沿線對摺寄回,謝謝!)

秀威與 BOD

BOD（Books On Demand）是數位出版的大趨勢,秀威資訊率先運用 POD 數位印刷設備來生產書籍,並提供作者全程數位出版服務,致使書籍產銷零庫存,知識傳承不絕版,目前已開闢以下書系:

一、BOD 學術著作—專業論述的閱讀延伸
二、BOD 個人著作—分享生命的心路歷程
三、BOD 旅遊著作—個人深度旅遊文學創作
四、BOD 大陸學者—大陸專業學者學術出版
五、POD 獨家經銷—數位產製的代發行書籍

BOD 秀威網路書店：www.showwe.com.tw
政府出版品網路書店：www.govbooks.com.tw

永不絕版的故事‧自己寫‧永不休止的音符‧自己唱